TOEIC is a registered trademark of Educational Testing Service (ETS)
This product is not endorsed or approved by ETS.

TOEIC® TEST
最終チェックと
ウォーミングアップ

石井辰哉 Ishii Tatsuya

はじめに

みなさん、こんにちは。石井辰哉です。
試験当日になって、これまで学習してきたことの最後の確認をしたいという方は多いのではないでしょうか。また、リスニングの CD を聞いて耳を慣らしたり、問題を何問かずつ解いたりして、本番に備えるという方もいるでしょう。実際に、受験会場に向かうバスや電車、または会場内で、参考書などを熱心にご覧になる受験者をよく見かけます。

そこで、最後の確認とウォーミングアップをより効率的に行なうことができるように、執筆したのが本書です。読むのに時間のかかるような説明は極力省き、必須単語から文法語句までを一覧形式にしていますので、素早く確認ができます。

また、ウォーミングアップとして、ミニ模試とリスニング練習用の長文を収録しました。このうち、ミニ模試のリスニングパートと、リスニング用の長文は、速いスピードで収録してあります。耳に負荷をかけて備えたいという方は、ぜひご活用ください。

さらに、本書では読者の方が自由に書き込めるページを設けました。土壇場でチェックしたい単語や項目は一人ひとり異なります。本書に収録されていない語句や項目も練習したい場合もあるでしょう。そんな時には、これらのページを使って、自分だけの効率のよい特製資料を作っていただければと思います。

著者として、一人の英語講師として、みなさんが TOEIC を受験される際、100% の力が出せることを心よりお祈りいたしております。

石井辰哉

本書の構成と使い方 ●目次

第一部　最終確認編

Check 1　必須単語—8
Check 2　間違いやすい語句—66
Check 3　覚えておきたい文法・構文—96
Point1〜4 Part 5/6 頻出ポイント—118

> あらかじめ学習・暗記し、当日は最終確認のみ。

第二部　ウォーミングアップ編

Warm-up 1　長文速聴　8題—146
Warm-up 2　ミニ模試

> パッセージを速いスピードで聞く。

　Part 1　2問—154
　Part 2　8問—155
　Part 3　3題　9問—156
　Part 4　3題　9問—158

> リスニング問題を通してやると、15分弱。

　Part 5　16問—160
　Part 6　2題　6問—164
　Part 7　Single Passage 2題　7問—166
　　　　　Double Passage 1題　5問—170

> 実際のペース配分でやるなら、22〜23分。

Answers—174

ミニ模試のリスニング問題は、通常のスピードと速いスピードの2種類を収録しています。

本書の英文は複数のネイティブスピーカーによってチェックされています。

前日までの準備

① 第一部の内容は、当日暗記している暇はないので、前日までに学習しておく。当日はあくまでも、最終確認で済むように。

② 収録されているもの以外で、覚えておきたい単語や語句、構文などはあらかじめ空欄やメモのページに書き込んで、前日までに暗記しておく。

③ 第二部のミニ模試のリスニングパートは、通常のスピードで読んだものと、速めに読んだものが収録されているので、

　① 前日までに通常スピードで問題を解き、当日は速聴きでウォーミングアップ。
　② 前日まではどちらも使用せず、当日に通常スピードか速いスピードのものを使用。

のどちらかを選ぶ。リスニングに自信のある方は、当日に速いスピードのものだけを使ってもよい。

④ 試験当日にこの本のどこを中心に練習するかは予め考えておこう。

第一部

最終確認編

Check 1 必須単語

001
accommodate [əkɑ́mədèit] 動 ①(要求など)をきいてやる ②収容する

① **accommodate** the client's request　　　　顧客の要求に応える
② The hall can **accommodate** 300 people.
　　　　　　　　　　　　　　　そのホールは300人収容できる。

名 accommodation「宿泊施設」

002
account [əkáunt] 名 ①口座 ②取引先、得意先

① open a savings **account** at a bank　　銀行で普通預金口座を開く
② The manager takes care of high-profile **accounts**.
　　　　　　　　　　　　　　　　　　　部長が上得意先を扱う。

003
accounting [əkáuntiŋ] 名 会計、経理

provide a wide range of **accounting** services to small businesses
　　　　　　　　　小企業に広範囲に渡る会計サービスを提供する

004
acquire [əkwáiər] 動 ～を獲得する、買収する

JG Industries **acquired** a small manufacturing company last week.
　　　　　　　JG Industries 社は、先週小さな製造会社を買収した。

CD TRACK 01 No.001-005

必須単語 Check 1

005

address [ədrés]　動 ①〜に対処する　②演説する　名 ③演説

① **address** the problem of late deliveries　　遅配の問題に対処する
② The mayor **addressed** the audience.　　市長は聴衆に演説した。
③ a closing **address** by the chairman　　議長による閉会の辞

★「住所」以外の意味も覚えておくこと。

006

adjacent [ədʒéisnt]　形 隣接した、近くの

The hotel is located in a convenient place and is **adjacent** to the subway station.
　　　　そのホテルは便利な所に位置し、地下鉄駅に隣接している。

★ adjacent to〜で「〜に隣接した、〜の隣の」

007

adjourn [ədʒə́ːrn]　動 中断する、一時休止する

The meeting was **adjourned** until 3 o'clock.
　　　　　　　　　　　　　　　　　　会議は3時まで休会となった。

008

admission [ædmíʃən]　名 入学、入園、入場

Admission to the museum is free.　　博物館への入場は無料です。

★動詞形 admit には「(入学・入園などを) 許可する」の意味がある。

009

affect [əfékt]　動 〜に影響を与える

factors that **affect** the performance of employees
　　　　　　　　　　　　　　　　従業員の仕事ぶりに影響を与える要因

★ effect「効果」との混同注意。

CD TRACK 02 No.006-010

010
affordable [əfɔ́:rdəbl] 形 手頃な価格の

We take pride in offering high-quality products at **affordable** prices.
私どもは誇りを持って、お求めやすい価格で高品質の製品をご提供しております。
動 afford「(～する) 余裕がある」

011
agenda [ədʒéndə] 名 議事日程表、協議事項

The top item on the **agenda** was the proposed merger.
協議事項のトップにあるものは、提案された合併であった。

012
alter [ɔ́:ltər] 動 ～を変える

alter the terms and conditions of the contract　　契約の条項を変更する

013
alternative [ɔ:ltə́:rnətiv] 形 別の、代わりとなる　名 代わりとなるもの

find an **alternative** source of energy　　代替エネルギー源を見つける

014
annual [ǽnjuəl] 形 年に一度の、例年の

The **annual** meeting was held at the head office.
　　　　　　　　　　　　　　年次会議が本社で開かれた。

015
anticipate [æntísəpèit] 動 ～を見込む、予期する

anticipate a large number of visitors　　多数の訪問客を見込む

CD TRACK **03** No.011-015

10

必須単語 Check 1

016
appliance [əpláiəns]　名 器具

That store sells electronic **appliances** at discount rates.
あの店は電気器具を割引価格で売っている。

★ application「申し込み」との混同注意。

017
applicant [ǽplikənt]　名 応募者

a highly qualified **applicant** for the job
十分な資格のあるその仕事の応募者

018
appreciate [əprí:ʃièit]　動 ①〜を感謝する　②理解する

① We **appreciate** your attendance for this meeting on such short notice.　急な知らせでこの会議に出席していただき感謝します。
② The management does not fully **appreciate** the importance of staff training.　経営陣は社員研修の重要性を完全には理解していない。

019
appropriate [əpróupriət]　形 適切な

promote **appropriate** Internet usage
インターネットの適切な利用を促進する

020
approval [əprú:vəl]　名 賛同、許可、承認

without **approval** from management　経営者側からの承認なく
動 approve「賛同する、承認する」

CD TRACK 04 No.016-020

021
approximately [əpráksəmətli] 副 およそ

According to the survey, **approximately** 80% of the customers were satisfied with our products.
調査によると、購入客のおよそ 80% が我々の製品に満足していた。

022
arrange [əréindʒ] 動 〜を手配する、並べる

arrange for a taxi to pick up the guest
タクシーが訪問客を迎えに行くように手配する
★ arrange for A to do で「A が〜するように手配する」の意味。

023
article [ɑ́ːrtikl] 名 記事、物品

The new shop next to the post office sells household **articles** at low prices.　郵便局の隣の新しい店は、家庭用品を低価格で販売している。
★「物品」の意味があることに注意。

024
assume [əsúːm] 動 〜を推定する、(責任など)を引き受ける

assume responsibility for leading the project
そのプロジェクトを率いる責任を引き受ける

025
attract [ətrǽkt] 動 〜をひきつける、魅了する、呼び寄せる

The small island on the lake **attracts** 20,000 tourists a year.
その湖にある小さな島は年に 20,000 人の旅行客を呼び寄せる。
形 attractive「魅力的な」

必須単語 Check 1

026

attribute [ətríbju:t]　動 ～のせいと考える、～に原因があるとする

attribute the great success to the staff's hard work
　　　　　　その大きな成功をスタッフのハードワークのおかげだと考える

★ attribute A to B で、「A の原因を B にあると考える」の意味。

027

authorize [ɔ́:θəràiz]　動 ～を許可する、認可する

The manager **authorized** my business trip to Boston.
　　　　　　　　　　　　部長が私のボストン出張を許可した。

★主に公的に許可を与えるという意味で使われる。

028

back-order [bǽk ɔ̀:rdər]　名 取り寄せ注文

The CD you ordered is on **back-order**.
　　　　　　　　　　　　ご注文いただいた CD は取り寄せ中です。

★ **on** back-order で「取り寄せ中」

029

balance [bǽləns]　名 残高、未払い金

Please check the **balance** of your bank account.
　　　　　　　　　　銀行口座の残高を確認してください。

030

barely [béərli]　副 かろうじて、ほとんど～ない

He could **barely** walk straight.　　彼はかろうじてまっすぐに歩けた。

CD TRACK 06 No.026-030

13

☐ 031
be subject to　～を受ける可能性がある、～に従わなければならない

All prices **are subject to** change.
すべての価格は変更される可能性があります。

★この to は前置詞なので後は通例名詞。

☐ 032
belongings [bilɔ́ːŋiŋz]　名 持ち物、所持品

Do not bring personal **belongings** into the lab.
個人の持ち物を実験室に持ち込まないでください。

★通例複数形で使う。

☐ 033
benefit [bénəfit]　名 利益、恩恵、給付金

fill in a form to receive health **benefits**
医療給付を得るために用紙に記入する

★「給付金」の意味があることに注意。

☐ 034
beverage [bévəridʒ]　名 飲み物

Food and **beverages** will be served after the meeting.
会議の後に飲食物が出されます。

☐ 035
bill [bíl]　名 請求書

Your gas **bill** can be paid online at any time.
ガスの請求書はいつでもオンラインでお支払いいただけます。

必須単語 Check 1

036
board of directors 名 取締役会、理事会

the chairman of the **board of directors** at Cowley Software
Cowley Software 社の取締役会長

037
brochure [brouʃúər] 名 パンフレット

check out the package tours in the holiday **brochure**
旅行パンフレットにあるパッケージツアーをよく見てみる

038
budget [bʌ́dʒit] 名 予算

The project proposal was rejected because it would exceed the **budget**.　そのプロジェクトの企画案は、予算を超えるので却下された。

039
call off 動 〜を中止する

The sales meeting was **called off**.　　　営業会議は中止となった。
★ put off は「延期する」

040
candidate [kǽndidèit] 名 候補者、志願者

Only successful **candidates** will be contacted.
合格した候補者のみ連絡されます。

041
certificate [sərtífikət] 名 証明書、修了証書

After you complete the 4-day workshop, you will receive a **certificate**.
4日間の研修会の後、修了証書が授与されます。

CD TRACK **08** No.036-040

042
check [tʃék]　名 小切手

make a **check** payable to Fairbanks Ltd.
　　　　　　　　　　　　Fairbanks 社宛に小切手を振り出す

043
circulation [sə̀ːrkjuléiʃən]　名 発行部数、流通

the magazine's **circulation** of 20,000 copies
　　　　　　　　　　　その雑誌の 2 万部の発行部数

044
circumstance [sə́ːrkəmstæns]　名 状況

The meeting will be cancelled under these **circumstances**.
　　　　　このような状況では会議はキャンセルになるだろう。

045
clerical [klérikəl]　形 事務の

the variety of duties of **clerical** staff　　事務スタッフの職責の多様さ

046
come out　動 出版される、発売される

the video game which **came out** last month　　先月出たテレビゲーム

047
come up with　動 (アイデアなど) を出す

come up with a brilliant idea to improve sales
　　　　　　　　　売上改善のための素晴らしいアイデアを出す

TRACK **09** No.041-045

16

必須単語 Check 1

048
commemorate [kəmémərèit] 動 ～を記念する

hold a reception to **commemorate** the 30th anniversary of the company　会社の創立 30 周年を記念するためのパーティを開く

049
commence [kəméns] 動 開始する、始まる

The lecture will **commence** shortly.　講演は間もなく始まります。

050
commensurate [kəménsərət] 形 見合った、相応の

a salary **commensurate** with your experience　経験に見合った給料
★形容詞であることに注意。また、何に見合ったものか言う場合は with を使う。

051
commission [kəmíʃən] 動 ～を委託する、～の作成を依頼する

The results of the customer survey **commissioned** by Savis Foods have to be submitted next week.
Savis Foods 社に委託された顧客調査の結果は来週提出されなければならない。

052
commitment [kəmítmənt] 名 献身、取り組み、力を入れること

the company's **commitment** to efficiency　効率への会社の取り組み
★ be committed to～「～に力を入れている、専念している」

053
committee [kəmíti] 名 委員会

The **committee** consists of 6 members.　その委員会は 6 名から成る。

CD TRACK **10** No.046-050

17

054
commodity [kəmάdəti] 名 商品

The prices of agricultural **commodities** sharply went up due to the bad summer weather.

農産物の価格は夏の悪天候のせいで、急激に上がった。

055
compensation [kὰmpənséiʃən] 名 報酬、賠償

Compensation is negotiable and based on the candidate's experience.　　給与は相談可で、応募者の経験による。

056
complaint [kəmpléint] 名 苦情、不満

send a letter of **complaint** to a neighbor　苦情の手紙を近所の人に送る
動 complain「不満を言う、苦情を言う」

057
complimentary [kὰmpləméntəri] 形 無料で提供される

Complimentary tickets to the local museum are offered to hotel guests.　地元博物館への無料チケットがホテル宿泊客に提供される。
名 compliment「お世辞、褒め言葉」

058
comprehensive [kὰmprihénsiv] 形 包括的な

provide **comprehensive** training for new employees

包括的な研修を新入社員に提供する

必須単語 Check 1

☐ 059

concern [kənsə́ːrn]　名 懸念、懸念材料、心配事

address the safety **concerns** at the plant

　　　　　　　　　　　工場の安全上の懸念材料に取り組む

☐ 060

conduct [kəndʌ́kt]　動 ～を行なう

The consumer survey was **conducted** by the research company.

　　　　　　　消費者調査はその調査会社によって行なわれた。

☐ 061

conserve [kənsə́ːrv]　動 ～を大切に使う、保全する

conserve energy to protect nature

　　　　　　　　　　自然保護のためにエネルギーを大切に使う
形 conservative「保守的な」

☐ 062

considerable [kənsídərəbl]　形 かなりの

save a **considerable** amount of money　　かなりの額のお金を節約する
★ considerate「思いやりのある」との混同注意。

☐ 063

consist of [kənsíst]　動 ～から成る

The safety manual **consists of** four chapters.

　　　　　　　　　　　　　　安全マニュアルは4章から成る。
★ of を忘れないように注意。

TRACK **12** No.056-060

19

064
consistent [kənsístənt] 形 一貫した、矛盾しない

Some of the figures in the last two surveys are not **consistent**.
過去2回の調査で、いくつかの数値に一貫性がない。

065
consumer [kənsú:mər] 名 消費者

Consumer spending is increasing.　消費者支出は増加している。

066
contemporary [kəntémpərèri] 形 現代の

The magazine features **contemporary** social issues.
その雑誌は現代の社会問題を特集している。

067
contract [kάntrækt] 名 契約

terminate the **contract** without notice　通告なしで契約を打ち切る
名 contractor「請負業者」

068
contribute [kəntríbju:t] 動 貢献する

contribute to the development of the product　その製品の開発に貢献する
★ contribute to〜で「〜に貢献する」

069
copy [kάpi] 名 1部、1冊、写し

The book has sold millions of **copies** worldwide.
その本は世界中で何百万部も売れた。

必須単語 Check 1

☐ 070
correction [kərékʃən]　名 修正、訂正

The publisher made **corrections** to the dictionary in the next edition.
出版社はその辞書の修正を次の版で行なった。

★ collection「コレクション」との混同注意。

☐ 071
courteous [kə́ːrtiəs]　形 心のこもった

ensure that our customers receive **courteous** service
客が心のこもったサービスを受けるようにする

★発音注意。

☐ 072
culinary [kʌ́linəri]　形 料理の

This cookbook will improve your **culinary** skills.
この料理本はあなたの料理の腕前を向上させるでしょう。

☐ 073
current [kə́ːrənt]　形 現在の

reform of the **current** tax system　現在の税制に対する改革

★ currency「通貨」

☐ 074
dairy [déəri]　名 乳製品

The store specializes in **dairy** products.
その店は乳製品に特化している。

★ daily「毎日の」との混同注意。また、発音も異なる。

075
deadline [dédlàɪn] 名 締め切り、期限

The development team worked hard to meet the **deadline**.

開発チームは期限に間に合うよう、懸命に働いた。

076
dedication [dèdikéiʃən] 名 献身

Ms. Tanaka was promoted to sales manager after 20 years of **dedication** to the company.

20 年にわたる社への献身の後、Ms. Tanaka は営業部長に昇進した。

077
defective [diféktiv] 形 欠陥のある

return **defective** merchandise for a refund

返金を求めて欠陥品を返送する

名 defect「欠陥」

078
definitely [défənitli] 副 確かに、間違いなく

The museum is **definitely** worth a visit.

その博物館は間違いなく行く価値がある。

079
designated [dézignèitid] 形 指定された

Smoking is allowed in **designated** areas only.

喫煙は指定の場所だけで許されています。

必須単語 Check 1

080

destination [dèstənéiʃən] 名 目的地

The old cathedral is popular as a tourist **destination**.

その古い大聖堂は観光目的地として人気がある。

081

diligent [dílədʒənt] 形 勤勉な

Ms. Reed is a **diligent** and dependable secretary.

Ms. Reed は勤勉で、頼りになる秘書だ。

082

discretion [diskréʃən] 名 慎重さ、思慮分別、裁量

Use **discretion** when talking with your clients about private matters.

顧客と個人的な話をするときは慎重に。

形 discreet「思慮深い、慎重な」

083

dispose [dispóuz] 動 捨てる、廃棄する

dispose of non-burnable garbage　　　　燃えないゴミを廃棄する

形 disposable「使い捨ての」
★ dispose of の形で使う

084

distinguished [distíŋgwiʃt] 形 著名な

a lecture by a **distinguished** professor　　　著名な教授による講義

動 distinguish「区別する」

CD TRACK **17** No.081-085

☐ 085

distribute [distríbju:t] 動 ～を分配する、流通させる

ask the staff to **distribute** flyers door to door
　　　　　　　チラシを1軒ごとに配布するようにスタッフに頼む

名 distribution「分配、流通」

☐ 086

diverse [divə́:rs|dai-] 形 さまざまな

offer a **diverse** range of products　　さまざまな種類の製品を提供する

名 diversity「多様性」

☐ 087

division [divíʒən] 名 部局、課

Mr. Cooper was transferred to the Research and Development **division**.　　Mr. Cooper は研究開発課に異動になった。

☐ 088

dominate [dámənèit] 動 ～を支配する、優位を占める

Radley Glass Ltd. has **dominated** the domestic glass market for a long time.　　Radley Glass 社は国内ガラス市場を長らく支配してきた。

☐ 089

donation [dounéiʃən] 名 寄付

a letter to solicit a **donation**　　　　　　　　寄付を募るための手紙

CD TRACK **18** No.086-090

必須単語 Check 1

090
dosage [dóusidʒ]　名 1回分の服用量

check the **dosage** before taking the medicine
　　　　　　　　　　　　　　　　薬を飲む前に服用量を確認する

091
durable [djúərəbl]　形 耐久性のある

a **durable** and reliable device　　耐久性があり、信頼のおける装置

092
effective [iféktiv]　形 効果のある、有効な

Effective May 1, a new no-smoking rule will be implemented.
　　　　　　5月1日付けで、新しい禁煙ルールが実行されます。
★ effective + 日付はよく使われるので要暗記。

093
efficient [ifíʃənt]　形 効率的な

seek a more **efficient** use of energy
　　　　　　　　　　　　エネルギーのより効率的な利用法を探す
★ fuel-efficient「燃費の良い」などのように、何の効率が良いかを述べることもある。

094
eligible [élidʒəbl]　形 資格のある

people who are **eligible** for the tax break　その減税に資格のある人々
★ be eligible for「〜に対して資格のある」の意味。

CD TRACK 19 No.091-095

095

emphasize [émfəsàiz]　動 ～を強調する

We need to **emphasize** the high quality of our products in the new brochure.

新しいパンフレットでは、自社製品の高品質を強調する必要がある。

096

enclose [inklóuz]　動 ～を同封する

Enclosed is the product brochure you requested.

同封されているのは、ご要望をいただいた製品パンフレットです。

★例文は倒置になっている。

097

enroll [inróul]　動 入会する、入学する

enroll in a bookkeeping course　　　　簿記のコースに入学する

★何かに入会する場合は、in などの前置詞をつける。

098

enthusiastic [inθù:ziǽstik]　形 熱心な、熱中して

The CEO is **enthusiastic** about introducing a new dress code.

CEO は新しい服装規定の導入に熱心である。

099

equipment [ikwípmənt]　名 機器、備品、装備

Mark runs a small shop which specializes in camping **equipment**.

Mark はキャンプ用品を専門に扱う小さな店を経営している。

★不可算であることに注意。

必須単語 **Check 1**

☐ 100
equivalent [ikwívələnt]　形 同等の、相当する

I received a bonus **equivalent** to 3 months' worth of my salary.
　　　　　私は、給料の 3 ヶ月分に相当するボーナスを受け取った。

★ equivalent to ~ で「~と同等な」

☐ 101
establish [istǽbliʃ]　動 ~を設立する

Horspath Science Research Center was **established** in 1955.
　　　　　Horspath 科学研究所は 1955 年に設立された。

☐ 102
estimate [éstəmət]　名 見積もり　[éstimèit]　動 ~を見積もる

The plumbing company gave me a free **estimate** for the repair.
　　　　　その水道配管業者は修理の見積もりを無料でくれた。

☐ 103
exceed [iksí:d]　動 ~を超える、~以上である

The sales in the last quarter **exceeded** our expectations.
　　　　　前四半期の売上は私たちの予想を超えた。

☐ 104
exclusively [iksklú:sivli]　副 もっぱら、独占的に

The outdoor pool of the hotel is **exclusively** reserved for guests.
　　　　　そのホテルの屋外プールは宿泊客専用です。

CD TRACK **21** No.101-105

105
exhibition [èksəbíʃən] 名 展覧会

The **exhibition** of modern watercolor paintings runs until the end of June.　　現代水彩画の展覧会は６月末まで行なわれます。
名動 exhibit「展示品、展示する」

106
expense [ikspéns] 名 経費

The travel insurance covers medical **expenses**.
　　　　その旅行保険は医療費をカバーしている。

107
expertise [èkspərtíːz] 名 専門知識

Applicants with relevant **expertise** are preferred.
　　　　関連した専門知識を持つ応募者が好ましい。
★発音注意。

108
expire [ikspáiər] 動 期限が切れる

Your subscription will **expire** on May 1.
　　　　あなたの定期購読契約は５月１日に期限が切れます。

109
extension [iksténʃən] 名 内線

For further information, please call **extension** 231.
　　　　詳しい情報は、内線231に電話してください。
動 extend「拡張する、延長する」

必須単語 Check 1

☐ 110

extensive [iksténsiv] 形 広範囲にわたる

The candidate has **extensive** experience in marketing.
その候補者はマーケティングに幅広い経験を持っている。

☐ 111

fabulous [fǽbjuləs] 形 素晴らしい

The overall sales have been absolutely **fabulous** over the past 3 months.　この3ヶ月間、全体的な売上は全く素晴らしいものだった。

☐ 112

facilitate [fəsílətèit] 動 ～をやりやすくする、促進する

strategy to **facilitate** change in the workplace
職場での変革をやりやすくするための戦略

☐ 113

facility [fəsíləti] 名 施設

get a visitor's pass to enter the **facility**
施設に入るために来客用許可証を得る

☐ 114

faculty [fǽkəlti] 名 教授陣、学部

Mr. Mills is a **faculty** member at Postcombe University.
Mr. Mills は Postcombe University の教授陣の1人だ。

115

familiarize [fəmíljəràiz]　動 ～を熟知させる、慣れさせる

This orientation is to **familiarize** you with the departmental procedures.　　この研修は部内のやり方に慣れてもらうためのものです。

★ familiarize+ 人 +with A「人を A に慣れさせる」

116

fare [féər]　名 運賃

Bus **fares** were raised by 20% last year.

バス運賃が昨年 20% 値上げされた。

★ fair と発音が同じ。

117

faulty [fɔ́:lti]　形 欠陥のある

return a **faulty** product for a refund　　欠陥品を返金のために返品する

形 defective「欠陥のある」

118

feature [fí:tʃər]　名 特集記事　　動 ～を特集する、取り上げる

The September issue will **feature** environmental problems.

9 月号は環境問題を特集します。

119

fill in　動 ～に記入する

Thank you for taking the time to **fill in** the questionnaire.

アンケートにご記入いただく時間をお取りいただきありがとうございます。

★ fill out「記入する」も要暗記。

必須単語 Check 1

120
finalize [fáinəlàiz] 動 (相談・調整の結果、計画など)を最終のものとする

finalize the sales agreement with the client　顧客と販売契約をまとめる

121
fixture [fíkstʃər] 名 作り付けの設備

As part of renovation, all the lighting **fixtures** of the conference room were replaced.
改装の一部として、会議室の全ての照明設備が取り替えられた。

122
fulfill [fulfíl] 動 ～を果たす、遂行する

He tried hard to **fulfill** his obligation as manager.
彼は部長として義務を果たそうと頑張った。

★ fulfil と書く場合もある。

123
fund-raising [fʌ́nd rèiziŋ] 形 資金集めの

organize a **fund-raising** event for a charity
慈善事業のための資金集めのイベントを準備する

名 fund-raiser「資金集めのパーティー、催し物」

124
go off 動 (アラームなど)が鳴る

I overslept because the alarm didn't **go off**.
アラームが鳴らなかったので、私は寝坊した。

CD TRACK 25 No.121-125

31

125
go over 動 ～をよく見る、詳しく調べる

go over the report before submitting it　提出する前にレポートを見直す

126
grateful [gréitfəl]　形 感謝している

I would be **grateful** if you could help me.
　　　　　　　　　　　　　助けていただければ感謝いたします。
★ I would be grateful if you could～は丁寧な依頼文としてよく使われる。

127
grocery [gróusəri]　名 食料品

buy some **groceries** at the supermarket　スーパーで食料品を買う

128
headquarters [hèdkwɔ́:təz]　名 本社、本部

He was transferred to the **headquarters**.　彼は本社に転勤となった。
★ head office とも言う。

129
hesitate [hézətèit]　動 ためらう

If you need any help from the staff, please do not **hesitate** to ask.
　　　　　　スタッフの助けが必要な際は、ご遠慮なくお申し出ください。

130
high-profile [-próufail]　形 注目を浴びる、知名度の高い

The Grand Hotel attracts many **high-profile** guests from all over the world.　　Grand Hotel は世界中から知名度の高い宿泊客を集めている。

TRACK 26 No.126-130

必須単語 Check 1

131
immediate [imíːdiət] 形 直属の、即座の、目下の

Ms. Bailey is my **immediate** supervisor.

Ms. Bailey は私の直属の上司だ。

132
implement [ímpləmènt] 動 ～を実行する、実施する

implement changes in the manufacturing plant

製造工場で変革を行なう

133
inaugural [inɔ́ːgjurəl] 形 就任の、開始の

The **inaugural** ceremony of the city museum is to be held next week.

市立博物館の開会式は来週開催予定である。

134
incentive [inséntiv] 名 何かをしたくさせるようなもの、報奨金

offer a financial **incentive** for the success of the project

プロジェクトの成功に報奨金を提供する

135
inclement [inklémənt] 形 （天気が）悪い

The flight was cancelled due to the **inclement** weather at the destination.

到着地における悪天候のため、そのフライトはキャンセルされた。

CD TRACK 27 No.131-135

33

136
incorporate [inkɔ́:rpərèit] 動 ~を組み入れる、取り入れる

This course is designed to **incorporate** English practices into your daily life.
　　このコースは英語の練習を毎日の生活に組み入れるよう作られている。

137
incur [inkə́:r] 動 (損害や出費などを) 招く、受ける

You must pay the bill by the due date, or you will **incur** a late fee.
支払期限までに請求書の支払いをしてください。さもなければ、延滞料を受けることになります。

138
ingredient [ingrí:diənt] 名 食材、成分

The soup was cooked only with common **ingredients** but it tasted great.
　　そのスープはありふれた食材だけを使って調理されたが素晴らしかった。

139
inquiry [inkwáiəri] 名 問い合わせ

make an **inquiry** about the price 　　価格について問い合わせる
動 inquire「~を尋ねる」

140
insurance [inʃúərəns] 名 保険

People who go on a trip abroad are advised to sign up for travel **insurance**. 　海外に旅行する人は旅行保険に加入することを勧められている。
★ insurance policy「保険証券」

TRACK 28 No.136-140

必須単語 Check 1

☐ 141

intensive [inténsiv]　形 集中的な

Intensive training is provided for new employees.
集中トレーニングが新入社員のために提供される。

☐ 142

interest [íntərəst]　名 利子、興味、関心

pay a 2% **interest** on the mortgage　　住宅ローンで2%の利子を払う

☐ 143

inventory [ínvəntɔ̀:ri]　名 ①在庫調べ、②在庫

① The shop is closed for **inventory**.　　店は棚卸しのために閉店である。
② One of the main responsibilities of the shop manager is to control the **inventory**.　　店長の主要な責務の一つが在庫を管理することだ。

☐ 144

invest [invést]　動 ～を投資する

invest money in manufacturing equipment　　製造機器にお金を投資する
★名詞形は investment「投資」

☐ 145

invoice [ínvɔis]　名 送り状、請求書

send an **invoice** for the items　　製品の送り状を送る
★発送した商品や提供されたサービスを列挙して、支払うべき金額が書かれた書類。

CD TRACK **29** No.141-145

146

issue [íʃuː]　名 ①(雑誌の)号、②問題　　動 ③発行する、交付する

① the feature story in the July **issue**　　7月号の特集記事
② deal with practical business **issues**　　実際的なビジネスの問題を扱う
③ Once your application is accepted, you will be **issued** an ID and a password.　申し込みが受理されれば、ID とパスワードが発行されます。

147

itinerary [aitínərèri]　名 旅行日程表

receive the **itinerary** for my trip to Paris　　パリ旅行の旅程表を受け取る

148

landmark [læn(d)màːk]　名 歴史的建造物、画期的な出来事

The old palace is a local **landmark** and is visited by many tourists.
　　　　その古い宮殿は地元の歴史的建造物で、多くの観光客が訪れる。

149

launch [lóːntʃ]　動 ～を開始する、始める　　名 開始

launch a promotional campaign　　宣伝キャンペーンを始める

150

line [láin]　名 製品のラインアップ

the car manufacturer's new **line** of compact cars
　　　　その自動車メーカーの、コンパクトカーの新しいラインアップ

CD TRACK 30 No.146-150

必須単語 Check 1

☐ 151
markedly [máːrkɪdlː] 副 著しく、明らかに

The patient's condition **markedly** improved thanks to the new medication.　患者の容態は新しい投薬治療のおかげでかなり改善した。
★発音注意。

☐ 152
mediocre [mìːdióukər] 形 平凡な、二流の

the actor's **mediocre** performance in the play

　　　　　　　　　　　　　　　その俳優の劇中での平凡な演技
★発音注意。

☐ 153
merger [máːrdʒər] 名 合併

The board meeting was called to discuss the proposed **merger**.
　　　　提案された合併について議論するために取締役会議が招集された。

☐ 154
moderately [mάdərətli] 副 適度に

look for a **moderately** priced condominium

　　　　　　　　　　　　　　　　　手ごろな価格のマンションを探す

☐ 155
modify [mάdəfài] 動 ～を修正する

modify the terms of the contract　　　契約書の条項を修正する

CD TRACK 31 No.151-155

156
motivated [móutəveɪtɪd] 形 やる気のある

seek highly **motivated** applicants　　とてもやる気のある応募者を求める

157
negotiate [nɪgóuʃièit] 動 (〜を) 交渉する

negotiate the price of a used car　　中古車の価格を交渉する

158
notify [nóutəfài] 動 〜を知らせる

notify the plant manager of the incident　工場長にその出来事を知らせる
★ notify A of B「A に B を知らせる」

159
numerous [njú:mərəs] 形 多数の

Numerous mistakes were found in the sales report.
　　　　　　多数の間違いが売上報告書で見つかった。

160
nutritious [nju:tríʃəs] 形 栄養のある

This cookbook includes **nutritious** and healthy breakfast recipes.
　　　この料理本は栄養があって健康な朝食のレシピを収録している。

161
objective [əbdʒéktiv] 名 目標

work hard to achieve departmental **objectives**
　　　　　　　部署の目標を達成するために懸命に働く

CD TRACK 32 No.156-160

必須単語 Check 1

162
obtain [əbtéin]　動　〜を入手する

Further information can be **obtained** on our website.
さらなる情報は私どものウェブサイトで入手できます。

163
on behalf of　〜を代表して、〜の代理で

make a speech **on behalf of** the president
社長に代わってスピーチをする

164
on duty　勤務中で / に

make personal phone calls while **on duty**
勤務中に個人的な電話をかける

165
organize [ɔ́:rgənàiz]　動　〜を催す、準備する、組織する

organize an international conference　　国際会議を準備する
形 organized「準備周到な、てきぱきした」

166
outcome [áutkʌm]　名　結果

inform the candidate about the **outcome** of the hiring decision
雇用に関する決定の結果について志望者に知らせる

☐ 167
outstanding [àutstǽndɪŋ] 形 未払いの、目立った、傑出した

an **outstanding** bill of $20 20ドルの未払い請求書
achieve **outstanding** results 傑出した結果を達成する

☐ 168
parcel [pɑ́ːrsəl] 名 小包

send a **parcel** by airmail エアメールで小包を送る

☐ 169
participate [pɑːrtísəpèit] 動 参加する

More than 10 people **participated** in the workshop.
10人以上が勉強会に参加した。

★ participate in〜で「〜に参加する」

☐ 170
patron [péitrən] 名 常連客、後援者

send out a new leaflet to **patrons** of the art museum
美術館の後援者たちに新しいパンフレットを発送する

名 patronage「(店への) ひいき、愛顧」

☐ 171
permit [pɑ́ːrmit] 名 許可証　[pərmít] 動 許可する

Please make sure you have obtained a building **permit** before the construction of the garden shed starts next week.
　来週に庭の物置の建設が始まる前に、建築許可を入手しておいてください。
★名詞の用法があることに注意。

CD TRACK **34** No.166-170

必須単語 Check 1

☐ 172

personnel [pə̀ːrsənél]　名 職員、人員　　形 人事(の)

discuss **personnel** matters　　　　　　　人事問題について話し合う

★ personal「個人の」との混同注意。また、名詞の場合、職員全体を指す。

☐ 173

pharmaceutical [fɑ̀ːrməsúːtikəl]　形 製薬の

Several **pharmaceutical** companies are to set up a joint venture.
　　　　　　　　　数社の製薬会社が合弁事業を立ち上げる予定である。

☐ 174

pick up　動 〜を買う、取りに行く、迎えに行く

I went to the bookstore to **pick up** the book I ordered.
　　　　　　　　　　　　私は注文していた本を取りに、本屋に行った。

★日本語のピックアップとは異なり、「選ぶ」の意味は無い。それは、pick out。

☐ 175

plant [plǽnt]　名 工場、植物

modernize the main assembly **plant** in Singapore
　　　　　　　　　シンガポールのメイン組み立て工場を近代化する

☐ 176

plumbing [plʌ́miŋ]　名 配管

The cost of **plumbing** repairs can vary a lot.
　　　　　　　　　　　　　　配管修理の費用は大きく変わりうる。

名 plumber「配管工」
★ "b" は発音しないことに注意。

TRACK 35 No.171-175

177
poll [póul]　名 動 世論調査 (する)、投票 (する)

according to the opinion **poll**　　　　　　　世論調査によると
★ those polled で「世論調査に答えた人」

178
postpone [poustpóun]　動 ～を延期する

The meeting was **postponed**.　　　　　　　会議は延期された。
★ put off「～を延期する」

179
precaution [prikɔ́ːʃən]　名 予防策、用心

take necessary **precautions**　　　　　　　必要な予防措置を取る

180
premise [prémis]　名 構内、敷地

Smoking is prohibited on the **premises**.　　構内では禁煙です。
★通例、複数形で使う。また、**on** the premises となることに注意。

181
prescription [priskrípʃən]　名 処方箋

go to a pharmacy to get my **prescription** filled
　　　　　　　　処方箋の薬を調合してもらうために薬局に行く
★動詞形は prescribe「処方する」fill a prescription で「調剤する」

必須単語 **Check 1**

182

preserve [prizə́ːrv] 動 ～を保存する

save energy to **preserve** the natural environment
自然環境を保全するためにエネルギーを節約する
★変質しないように保存することを指す。

183

primarily [praimérəli] 副 本来、主として、第一に

This intensive English course is **primarily** intended for advanced learners.　この集中英語コースは主に上級学習者に向けられている。

184

procedure [prəsíːdʒər] 名 手続き

There is an orientation for new employees on Tuesday to learn company policies and **procedures**.
会社の方針と手続きを学ぶためのオリエンテーションが新入社員のために火曜日に開かれる。

185

productivity [pròudʌktívəti | prɔ́d-] 名 生産性

improve the **productivity** of workers　従業員の生産性を向上させる
形 productive「建設的な、生産的な」

186

proficiency [prəfíʃənsi] 名 熟練、熟達

Proficiency in English is required for the position.
その職には英語の熟達が求められる。

TRACK **37** No.181-185

187
prominent [prámənənt] 形 卓越した、傑出した

a **prominent** figure in the automobile industry　　自動車業界の大物

188
promote [prəmóut] 動 ①〜を昇進させる、②売り込む

① Ms. Taylor was **promoted** to chief.　　Ms. Taylor は主任に昇進した。
② a sales campaign **to promote** our new product
　　　　　　　　当社の新製品を売り込むための販売キャンペーン

189
property [prápərti] 名 財産、不動産

This **property** is insured against fire.
　　　　　　　　この物件には火災保険がかけられている。

190
prospect [práspekt] 名 見込み

excited at the **prospect** of being promoted
　　　　　　　　昇進の見込みに興奮している

191
prospective [prəspéktiv] 形 見込みのある、そうなりそうな

strategies to reach **prospective** customers
　　　　　　　　顧客になってくれそうな人に届くための戦略

★「見込みのある」という訳語につられて、「能力のある」という意味で取らないように注意。

CD TRACK 38 No.186-190

必須単語 Check 1

192

purchase [pə́:rtʃəs] 名 購入　動 ～を購入する

return the product within 7 days of **purchase**

購入の7日以内に製品を返品する

193

put together 動 まとめる、組み立てる

The data from the customer survey will be **put together** into a report.
顧客調査から得られたデータはレポートにまとめられるだろう。

194

qualification [kwàləfikéiʃən] 名 資格、資質

Candidates should have relevant experience and **qualifications**.
応募者は関連した経験と資格が必要です。

形 qualified「資格のある」

195

quarter [kwɔ́:rtər] 名 四半期、四分の一

The sales increased by 10% this **quarter**.　売上は今四半期、10%増加した。

196

quota [kwóutə] 名 割り当て、ノルマ

achieve a sales **quota**　　　　　　　　　販売ノルマを達成する

197

quote [kwóut] 名 見積もり、引用　動 ～を見積もる、引用する

ask for a **quote** for the plumbing　　配管工事の見積もりを求める

TRACK 39 No.191-195

198

raise [réiz] 動 （資金などを）集める、上げる

organize an event to **raise** money for charity
慈善事業のために資金を集めるためのイベントを準備する
★ fund-raiser「資金集めのための催し物」

199

reception [risépʃən] 名 受付、（公式な）宴会

The welcoming **reception** for the new CEO will be held next week.
新 CEO の歓迎レセプションは来週行なわれる。

200

recipient [risípiənt] 名 受賞者、受取人

the **recipient** of the award　　　　　その賞の受賞者

201

recognize [rékəgnàiz] 動 ～を認める、評価する、表彰する

Ms. Taylor was **recognized** for having contributed to the company as chief accountant for 20 years.
Ms. Taylor は、20 年間主任会計士として会社に貢献したことで、表彰された。

202

recommendation [rèkəmendéiʃən] 名 推薦、勧告

Mr. Baker was promoted to manager on the **recommendation** of the CEO herself.　　　Mr. Baker は CEO 本人の推薦により部長に昇格した。

CD TRACK 40 No.196-200

必須単語 **Check 1**

☐ 203

reference [réfərəns]　名 保証人、紹介状、参照

Send your résumé with a **reference** from your previous employer.
　　　　　　　　履歴書を前雇用者の紹介状とともに送ってください。
provide the names of two **references**　　2人の照会先の名前を提出する
★紹介状を指す場合と、そういった内容を証言する人を指す場合とがある。

☐ 204

refreshment [rifréʃmənt]　名 飲み物、(軽い)飲食物

Refreshments will be served for attendants.
　　　　　　　　　　　出席者のために飲食物が出されます。

☐ 205

refund [ríːfʌnd]　名 返金　　[rifʌ́nd]　動 ～を返金する

bring the receipt to get a **refund**　　返金のためにレシートを持参する

☐ 206

region [ríːdʒən]　名 地域

Rycote Books, founded in 1935, is now the biggest book retailer in the **region**.
Rycote Books は1935年に設立され、今ではその地域で最も大きな書籍小売店である。

☐ 207

reimburse [rìːimbə́ːrs]　動 ～に返済する、～を払い戻す

The company will **reimburse** you for travel expenses only if proper receipts are provided.
適切なレシートが提出された場合のみ、会社はあなたに旅費を払い戻します。
★立て替えてもらった費用を返すという意味でよく使われる。

CD TRACK **41** No.201-205

208
relatively [rélətivli] 副 比較的

The business negotiation with the client went **relatively** well.
その顧客とのビジネス交渉は比較的うまく行った。

209
relevant [réləvənt] 形 関連した

Candidates with **relevant** expertise and experience are preferred.
関連した専門知識と経験を持つ候補者が望ましい。

210
renew [rinjú:] 動 ～を更新する

renew the membership for the gym　　ジムの会員権を更新する

211
renovation [rènəvéɪʃən] 名 改装

The museum is temporarily closed for **renovation**.
博物館は改装のために臨時休館しています。

212
renowned [rináund] 形 著名な

attend a lecture by a **renowned** biologist　著名な生物学者による講義に出る

213
replace [ripléis] 動 ～を取り替える、取って代わる

replace the old printer with a new one
古いプリンターを新しいものと置き換える

★ replace A with B で、「A を B に置き換える」の意味。

CD TRACK **42** No.206-210

必須単語 Check 1

☐ 214

report to [ripɔ́ːrt]　動 出頭する、〜の下につく

The new employee **reports to** the manager.
　　　　　　　　　　　新しい従業員は部長の下についている。

☐ 215

representative [rèprizéntətiv]　名 代表、渉外担当者

meet a **representative** from the manufacturer　製造会社の渉外担当者と会う
work as a sales **representative**　　　　　　　営業担当者として働く
★意味に注意。一番偉い人という意味ではなく、団体などを代表して渉外担当する人や代理人の意味。したがって、必ずしも役職が高いことを示すわけではない。

☐ 216

requirement [rikwáiərmənt]　名 必要事項、要件

The candidate does not meet the job **requirements**.
　　　　　　　　　　　その応募者は職の職務要件を満たしていない。

☐ 217

resign [rizáin]　動 辞職する、辞任する

Michael Smith is to **resign** as CEO next month.
　　　　　　　　　　Michael Smith は来月 CEO を辞任する予定だ。
★通例、会社や団体、仕事をやめる場合は from、人を表す役職の場合は as が使われる。

☐ 218

respectively [rispéktivli]　副 それぞれ

Tom and Mary are 12 and 14 years old **respectively**.
　　　　　　　　　　Tom と Mary はそれぞれ 12 才と 14 才だ。
★言及された順番に該当するという意味。

CD TRACK 43 No.211-215

219
restricted [ristríktid] 形 (入場などが) 禁止された、制限された

The laboratory is a **restricted** area.
実験室は入室が制限されている場所である。

220
retail [rí:teil] 名形 小売業 (の)、小売 (の)

Candidates should have at least 2 years of working experience in **retail**.
応募者は最低2年の小売業での勤務経験が必要である。
★物品を販売すること。
名 retailer「小売業者」

221
revenue [révənjù:] 名 歳入、収入

revenue from product sales　　　　　　　製品の売上げからの収入

222
revision [rivíʒən] 名 改定

make some **revisions** to the draft　　　　　草稿に改定を行なう
動 revise「改定する」

223
rewarding [riwɔ́:rdiŋ] 形 実りのある、価値がある、ためになる

Working as an intern at a law firm was a challenging and **rewarding** experience.
法律事務所で実習生として働くのは、やりがいがあり実りのある経験だった。
名 reward「報酬」

CD TRACK 44 No.216-220

必須単語 Check 1

224
ship [ʃíp]　動 出荷される、〜を出荷する

Your order will be **shipped** within a week.
ご注文の品は 1 週間以内に発送されます。

225
significant [signífikənt]　形 重要な、かなりの

make **significant** changes in the manufacturing process
製造工程においてかなりの変更を行なう

226
specific [spisífik]　形 特定の、明確な

The sales greatly improved without **specific** reasons.
明確な理由なく売上が相当に改善した。

動 specify「明記する」

227
specification [spèsəfikéiʃən]　名 (通例複数形で) 仕様 (書)

manufactured according to the **specifications**　仕様書通りに製造される
★ 短縮された形の spec も口語ではよく使われる。

228
state-of-the-art　形 最新の、最先端の

The new wing of the museum is equipped with the **state-of-the-art** devices to protect the exhibits.
博物館の新館は展示品を保護するための最新の装置を備えている。

CD TRACK 45 No.221-225

229
submit [səbmít] 動 ~を提出する

submit an application form　　　　　申し込み用紙を提出する

230
subscription [səbskrípʃən] 名 定期購読契約

renew the **subscription** to the magazine　雑誌の定期購読契約を更新する
★何の定期購読かを言うのは、subscription **to**~が使われる。
動 subscribe to「~を購読する」

231
substantial [səbstǽnʃəl] 形 かなりの、相当な

save a **substantial** amount of money　　かなりの金額のお金を貯める

232
sufficient [səfíʃənt] 形 十分な

a **sufficient** income to sustain a family　家族を養うのに十分な収入

233
supervise [sú:pərvàiz] 動 ~を監督する、管理する

supervise the progress of the project　　プロジェクトの進捗を監督する

234
supplier [səpláiər] 名 納入業者、供給業者

the leading **supplier** of dairy products　　乳製品の主要供給業者

235
survey [sə́:rvei] 名 調査

Please fill in the customer **survey**.　　お客様調査に記入してください。

CD TRACK **46** No.226-230　CD TRACK **47** No.231-235

52

必須単語 Check 1

236
take over 動 ～を引き継ぐ、(会社を)買収する

take over the family business　　　　　　　　　　　家業を継ぐ

237
take place 動 行なわれる

The employee awards ceremony is to **take place** with all the board members attending.
社員表彰式は全取締役が出席のもとで行なわれる予定である。

238
tentative [téntətiv] 形 仮の、暫定的な

reach a **tentative** agreement on the merger　合併について仮の合意に達する

239
term [tə́ːrm] 名 ①(契約などの)条件　②期間　③専門用語

① Check the **terms** and conditions of the contract before you sign it.
サインする前に契約書の条件を確認してください。
② The **term** of this contract is 3 years but it is renewable.
この契約の期間は3年だが、更新可能である。
③ This computer manual is difficult because it is full of technical **terms**.
このコンピューターマニュアルは、専門用語でいっぱいなので、難しい。

240
transfer [trǽnsfər] 名 転勤、異動　　動 転勤する、異動する

Mr. Jones was **transferred** to the headquarters.
Mr. Jones は本社に異動となった。

★動詞の強勢は後ろに置かれることもある。

CD TRACK 48 No.236-240

53

241
trivial [tríviəl]　形 ささいな

He was occupied with **trivial** matters.　彼はささいな問題で忙しかった。

242
tuition [tjuːíʃən]　名 授業、授業料

pay the **tuition** fee in advance　　　　　　　授業料を前払いする

243
unanimous [juːnǽnəməs]　形 満場一致の

receive **unanimous** approval from the board
　　　　　　　　　　　　　　取締役会から満場一致の賛同を得る

244
unprecedented [ʌnprésədèntɪd]　形 前例のない

increase at an **unprecedented** rate　　　前例のない速さで増加する

245
utensil [juːténsəl]　名 台所用具、器具

a leading manufacturer of kitchen **utensils**　　台所用品の有数の製造業者

246
utility [juːtíləti]　名（複数形で）電気・ガス・水道、公共料金

The rent of the apartment includes **utilities**.
　　　　　　　　そのアパートの家賃には公共料金が含まれている。

CD TRACK 49 No.241-245

必須単語 **Check 1**

☐ 247
utilize [júːtəlàiz]　動 ～を利用する

register before **utilizing** the facility　　施設を利用する前に登録する

☐ 248
vacate [véikeit]　動 ～を立ち退く

Guests must **vacate** their rooms by 10 A.M.
　　　　お客様は午前 10 時までに部屋を出なければなりません。
形 vacant「(部屋などが) 空いている」

☐ 249
vehicle [víːikl]　名 車両

Vehicles are not allowed to enter this street.
　　　　車両はこの通りに入ることは許可されていません。

☐ 250
warranty [wɔ́ːrənti]　名 保証

The TV comes with a two-year **warranty**.
　　　　その TV には 2 年の保証がついてくる。

☐ 251
wholesaler [hóulsèɪlər]　名 卸売業者

purchase a product in bulk from a **wholesaler**
　　　　卸売業者から製品を大量に購入する
★ retailer「小売業者」

☐ 252
withdraw [wiðdrɔ́ː]　動 撤退する、引き出す

withdraw ten dollars from the bank account　銀行口座から10ドルを引き出す

CD TRACK **50** No.246-252

このほかに覚えきれない単語は、ここにまとめておき、当日覚えてしまいましょう。

必須単語 Check 1

必須単語 Check 1

必須単語 Check 1

必須単語 Check 1

Memo

その他の単語や覚えておきたい注意点など

Memo

Check 2 間違いやすい語句

比較的見慣れているのに、正確には使いにくいちょっとした語句を集めました。

1 above

□ 副詞	上に[で]

The application form must be filled in and submitted as described **above**.
　　　申込書は上記に説明されているように記入し提出してください。

□ 形容詞	上記の

If the **above** information is not accurate, please let us know.
　　　　　　もし上記の情報が正確でなかったら、お知らせください。

□ 前置詞	～より上に[で]

The sales last month were **above** expectations.
　　　　　　　　　　　　　　先月の売上は期待以上だった。

□ 名詞	上記のこと

If the **above** is to your satisfaction, please let us know.
　　　　もし上記のことにご満足いただけましたら、ご連絡ください。

□ above all	とりわけ

This new portable music player is stylish, inexpensive and **above all**, high quality.

新しいポータブルミュージックプレーヤーは、スタイリッシュで安価で、そしてとりわけ高品質だ。

間違いやすい語句 Check 2

2 alike

形容詞	似ている

These two digital recorders look very much **alike**, but they are totally different.

これら2つのデジタルレコーダーはとても良く似ているように見えるが、全く異なる。

A and B alike	AもBも同じように

Mr. Haruta is respected by his colleagues **and** clients **alike**.

Mr. Harutaは同僚にも顧客にも同じように尊敬されている。

3 almost

副詞	①ほとんど ②もう少しで〜する

① **Almost** all of the employees commute by car.

ほぼ全ての従業員が車で通勤する。

※ **Most** of the employees commute by car.

従業員のほとんどが車で通勤する。

He spent **almost** 100 dollars on clothes last week.

彼は先週ほぼ100ドルを服に費やした。

② He fell off the boat and **almost** drowned.

彼はボートから落ちて溺れ死にかけた。

★ mostとの混同注意。almostは副詞なので、主に形副動を説明する。mostについてはp.81を参照。

67

4 along

前置詞	～に沿って

There are many souvenir shops **along** the main street.
メイン通りに沿ってたくさんのみやげ物店がある。

along with A	Aに加えて、Aと一緒に

Please send your résumé, **along with** two references, to Human Resources.　2通の紹介状と一緒に、履歴書を人事部に送ってください。

5 altogether

副詞	①完全に ②全部で ③全体的には、概して言えば

① Smoking in the assembly plant was banned **altogether**.
組み立て工場での喫煙は完全に禁止された。

② Our vacation in Paris cost $2,000 **altogether**.
パリでの私たちの休暇は全部で2000ドルかかった。

③ **Altogether**, the sales campaign was successful.
全体的には、販売キャンペーンは成功だった。

間違いやすい語句 Check 2

6 another

形容詞	① もう一つの ② （数詞の前で）さらに〜の

① While I was repairing the leaky faucet, **another** problem came up.　水漏れの蛇口を修理している間に、別の問題が持ち上がった。

② I had to wait for **another 20 minutes** before the bus finally came.
バスがようやく到着するまで、さらにもう 20 分待たなければならなかった。

★ another は an+other なので、後ろには単数名詞を取るが、②の場合は another+ 数詞 + 名詞複数形となる。

★ the other との違いに注意。another は、残りが複数ある、または、いくつあるかわからない場合の「もう一つ」。the other は「最後の一つ」。

代名詞	もう一つ

Purchase two T-shirts and you will receive **another** completely free.
　　　　Tシャツを 2 枚購入すればもう 1 枚完全に無料でもらえます。

7 apart

副詞	副 離れて

My parents' birthdays are exactly 2 months **apart**.
　　　　　　私の両親の誕生日はちょうど 2 ヶ月離れている。

The two cars are parked 2 meters **apart** from each other.
　　　　　　その 2 台の車は互いから 2 メートル離れて駐車されている。

apart from A	① A を除いて　② A に加えて

① **Apart from** the boring beginning, the novel was very good.
　　　　つまらない序盤を除いて、その小説はとても良かった。

② **Apart from** the cost, we should also consider the time the project will take.
コストに加えて、私たちはそのプロジェクトに必要な時間も考慮に入れる必要がある。

8 as

as〜as	①同じくらい〜　②〜ほども、〜もの

① The new printer is **as** slow **as** the old one, but it's more ink-efficient.

新しいプリンターは古いのと同じくらい遅いが、インクの減りがより少ない。

While on a diet, eating less is essential, but doing exercise is just **as** important.

ダイエット中は、食べる量を減らすことが不可欠だが、運動することも同じくらい重要だ。

★ as〜as として初めて「〜と同じくらい」の意味になるのではなく、一つ目の as が副詞で、すでに「同じくらい〜」の意味を持っている。よって、比較対象がわかっているときは、上記の第2例のように、2つ目の as+ 比較対象を省略することができる。

② **As** many **as** 20 employees were dismissed.

20人もの従業員が解雇された。

★ as〜as で強調の意味に使われることにも注意。

接続詞	①〜なので　②〜するにつれて ③〜するように

① **As** I was tired, I went to bed early.　疲れていたので、早く寝た。

② **As** it got darker, the temperature went down.

暗くなるにつれて、気温が下がった。

③ **As** I have explained many times, lock the door when you go out.

何度も説明してきたように、外出するときはドアの鍵をかけてください。

前置詞	①〜として　②〜の時に

① Mr. Green works **as** a sales representative.

Mr. Green は営業担当として働いている。

② **As** a student, I used to live in Paris.

学生の頃パリに住んでいた。

間違いやすい語句　Check 2

the same A as B	Bと同じA
Tom works in **the same** department **as** Mary.		
Tom は Mary と同じ部署で働いている。		

as for A	Aに関しては
As for the project, it is going according to schedule.		
プロジェクトについて言えば、スケジュール通りに進んでいる。		

as to A	Aに関しては、Aについて
He was uncertain **as to** whether he should resign from the job.		
彼は仕事をやめるべきかどうかについて確かではなかった。		

as if S+V	まるでSがVするかのように
She behaved **as if** nothing had happened.		
彼女は、何も起こらなかったかのように振る舞った。		

as of A	Aの時点で、A現在で、A以後は
As of May 20, employees will be allowed to work from home.		
5月20日より、従業員は在宅勤務ができるようになります。		

9　aside

副詞	脇に
The guard stepped **aside** and let the visitor in.		
警備員は脇にどいて、訪問者を入れた。		

aside from A	①Aは別として ②Aに加えて

① **Aside from** the high price, the product is highly recommendable.
　　高価な値段は別として、その製品はとてもおすすめできる。
② **Aside from** the manager, four staff members from the sales department attended the meeting.
　　部長に加えて、4人のスタッフが営業部からその会議に出席した。

10 below

| 副詞 | 下記に、下に |

We offer a wide range of products at all of our branches listed **below**.

私どもは下記に掲載されたすべての支店で、幅広い製品をご提供しております。

| 前置詞 | ～より下で |

The company's turnover rate is well **below** the industry average.

その会社の離職率は業界平均よりもはるかに低い。

11 closely

| 副詞 | ①密接に、ぎっしりと
②細かい点まで、緻密に |

① Mr. Foster's team is working **closely** with the Paris branch on the project.

Mr. Foster のチームはパリ支店と密接に連携してプロジェクトに取り組んでいる。

② The architect checked the plans **closely**, and found some errors.

建築家は設計図を細かい点までチェックして、いくつかの誤りを見つけた。

12 each

| 副詞 | それぞれ、一人につき |

Mary gave her children $5 **each** so that they could have fun at the local festival.

地元の祭りで楽しめるように、Mary は子どもたちにそれぞれ 5 ドル与えた。

間違いやすい語句 **Check 2**

☐ 形容詞	それぞれの

Each staff member will be given a special bonus.

それぞれのスタッフは、特別ボーナスを与えられます。

★ each の後の名詞は単数形。

☐ 代名詞	それぞれの

Mr. Smith filled out an evaluation form for **each** of the trainees.

Mr. Smith はそれぞれの研修生の評価表に記入した。

Each of the trainees was provided with a tablet computer.

研修生のそれぞれはタブレット型コンピューターを供与された。

☐ each other	お互い

Ms. Lee and Ms. Wilson haven't talked to **each other** since Tuesday.　Ms. Lee と Ms. Wilson は火曜日からお互いに話をしていない。

★名詞であることに注意。よって、上記の例文でも to が必要。

13 either

☐ 副詞	(否定文で) 〜もまた (〜ない)

I don't like coffee and my wife doesn't **either**.

私はコーヒーは好きではない、そして、私の妻も好きではない。

★肯定文では too や also などを使う。
★発音注意 [íːðər] または [áɪðər]

☐ 形容詞	どちらか一方の、どちらでも

Either contractor can do the job.

どちらの請負業者でもその仕事ができます。

☐ 代名詞	どちらでも、どちらか、(否定文で) どちらの〜も (〜ない)

Of the two days, **either** is fine with me.

その 2 日のうち、どちらでも私は結構です。

The manager did **not** like **either** of the suggestions.

部長は提案のどちらも気に入らなかった。

73

| either A or B | AかBかいずれか |

Most employees of this company take **either** buses **or** trains to work. この会社のほとんどの従業員はバスか電車を使って仕事に来ている。

Either you finish the assignment on time **or** you lose your job.
時間通りにその任務を終えるか、仕事を失うかどちらかだ。
★AとBには文法的に同じ要素が入る。

14 else

| 副詞 | その他の、それ以外に |

Who **else** attended the meeting? 他に誰が会議に出席したのですか。

There is something **else** we need to discuss.
他に私たちが話し合う必要のあることがある。

15 entire

| 形容詞 | 全体の、すべての |

After the project ended in great success, the **entire** sales team was given a special bonus.

そのプロジェクトが大きな成功で終わった後、営業チームの全員が特別ボーナスを与えられた。
★通例、名詞の単数形や集合名詞とともに使われる。

16 ever

| 副詞 | （疑問文で）これまでに |

Have you **ever** been to Canada?
これまでにカナダに行ったことがありますか。

間違いやすい語句 Check 2

☐ if 〜 ever	(if 節で) もし一度でも、どんな時でも

If you **ever** visit my town, please call me.
　　もしどんな時でも私の街を訪れることがあれば、電話してください。

☐ 最上級＋ ever	これまでで (最も〜)

The X1 is the most fuel-efficient car **ever** to be developed by AMS Motors.
X1 は AMS Motors 社によって開発されたこれまでで最も燃費の良い車である。

☐ ever since	ずっと

Mr. Lee has been working really hard **ever since** he got promoted.
　　昇進して以来、Mr. Lee は本当に頑張って働いている。
Ever since the accident, he has been driving carefully.
　　　　事故以来ずっと、彼は注意して運転している。
He became a teacher 10 years ago, and he has been teaching **ever since**.　　彼は 10 年前に教師になり、それ以来ずっと教えている。

★例文のように ever since だけで用いられることも、since の後に名詞や S+V が来ることもある。

17 every

☐ 形容詞	①すべての、どの〜も ②〜ごとに

① **Every** attendee receives a certificate at the end of the training course.
　すべての出席者はトレーニングコースが終わった後に、修了証書を受け取る。
② There is a bus at the bus stop **every** 10 minutes.
　　　　　　　　　　　　そのバス停では 10 分ごとにバスがある。

★ every は通例単数名詞を取るが、②では数詞＋名詞の複数形を取ることができる。
★ each と every はよく似た意味だが、each は名詞の使い方があるのに対して、every はない。よって、each of the students は可能でも、× every of the students などと言わないように注意。

| every other ~ | 1つおきの~、隔~ |

The international conference is held **every other year**.

その国際会議は1年おきに行なわれる。

18 even

| 副詞 | ①~でさえ
② (比較級の強調) さらに、いっそう |

① **Even** Tom couldn't solve the problem.

Tomでさえその問題を解くことができなかった。

② Luxury cars cost **even** more money than people generally think.

高級車は人々が一般に考えているよりも多くの金がかかる。

| even as | まさに~する時でも |

The salaries of the employees have been lowered, **even as** the company profits are greatly improving.

会社の利益がかなり改善しつつある時でさえ、従業員の給料は下げられた。

| even if | たとえ~したとしても |

Even if Mr. Hill helps us, we won't be able to finish the report on time.

たとえMr. Hillが私たちを手伝ってくれても、私たちはレポートを時間通りには終えられないだろう。

| even though | ~するけれども |

The barbecue was held according to plan **even though** it was raining hard.

激しく雨が降っていたが、バーベキューは計画通りに行なわれた。

間違いやすい語句 Check 2

⑲ far

副詞	①遠く ②はるかに

① Don't go too **far**. It's getting dark.

　　　　　　　　　　あまり遠くに行かないで。暗くなってきた。

② My son has been spending **far** too much money on video games.

　　　　　息子はあまりにも多額のお金をテレビゲームに費やしている。

The new copier is **far** better than the old one.

　　　　　　　　　　新しいコピー機は古いものよりはるかに良い。

★② far は比較級や too などを強めるためにも使われる。

as far as	～の限りでは、～の範囲では

As far as I know, he is the best programmer in the department.

　　　　　　　　私が知る限り、彼は部で一番のプログラマーだ。

★ as long as「(条件を表して) ～する限り」との混同注意。

by far	断然、ダントツで

This is **by far** the best movie that has come out this year.

　　　　　　　　　　これは今年出た中で断然最高の映画だ。

★主に最上級を強調する。

far from A	全く A ではない

His report is **far from** perfect.

　　　　　　　　　　彼のレポートは全く完璧などではない。

so far	今までのところ

The sales have been good **so far** this quarter.

　　　　　　　　　　今四半期は今のところ売上は良い。

20 further

☐ 形容詞	さらなる、それ以上の、さらに遠い

For **further** information, please visit our website.
さらなる情報は、私どものウェブサイトにお越しください。
★ far の比較級

☐ 副詞	さらに、さらに遠く

We need to discuss the matter **further**.
私たちはその問題をさらに議論する必要がある。

21 hardly

☐ 副詞	ほとんど~ない

During busy periods, he **hardly** returns home before midnight.
忙しい時期は、彼は深夜0時までに帰ることがほとんどない。
★ hard の副詞ではないことに注意。

☐ hardly ever	ほとんど~ない

The new secretary **hardly ever** makes a mistake.
新しい秘書はほとんど間違いをしない。

☐ hardly ... when/before ~	…したとたん~する

Hardly had I arrived at the station **when** it suddenly started to rain heavily.
駅についたとたん、急に雨が激しく降りだした。
★ hardly の節（S+V）は倒置になっている。

間違いやすい語句　Check 2

22　if

☐ 接続詞	①もし〜なら ②〜かどうか（whether）
① **If** it rains tomorrow, I will stay home. 　　　　　　　　　　　　もし明日雨が降れば、私は家にいる。 ② The manager asked Brian **if** he wanted any help. 　　　　　　　　部長は Brian に助けが必要かどうか尋ねた。 ★①条件を表す if 節には単純な未来を表す will は使わない。	
☐ **A if not B**	B とは言わないまでも A
The sales last month were **good enough, if not excellent**. 　　　　先月の売上は素晴らしいとは言わないまでも、十分に良かった。	
☐ **if not for A**	もし A がなければ
If not for his advice, the project would have failed. もし彼のアドバイスがなければ、そのプロジェクトは失敗していただろう。	
☐ **if only**	〜だったらなあ
If only we had until next week to finish this report. このレポートを終えるために、来週まで時間があったらよかったのになあ。	
☐ **if+ 形容詞**	〜ではあるが
The hotel room was gorgeous, **if a little expensive**. 　　　　　ホテルの部屋は、少々高価ではあったが、豪華だった。	

23 less

形容詞	より少ない量の

The doctor advised me to eat **less** meat and do more exercise.

医者は私に肉を食べる量を減らし、もっと運動するように忠告した。

副詞	より少ない程度に

Let's discuss **less** important issues first.

最初に、より重要度が低い問題を話し合いましょう。

less than	～未満の

Less than 20% of the attendees found the workshop useful.

20%未満の出席者しかその研修会を有用なものと思わなかった。

24 least

形容詞	最も少ない量の

Our proposal was chosen because it would take the **least** amount of time and money.

必要な時間とお金が最も少ないという理由で、我々の企画が選ばれた。

副詞	最も～ではない

Mr. Jones is one of the **least** experienced staff members on the team.

Mr. Jones はチーム内で最も経験の少ないスタッフの一人だ。

at least	少なくとも、せめて

I try to do some exercise **at least** twice a week.

私は少なくとも週に2回は運動するようにしている。

間違いやすい語句 Check 2

25 likely

形容詞	ありそうな、見込みのある

Mr. Bennet is one of the most **likely** candidates for the position.

Mr. Bennet はそのポストへの最も見込みのある候補者の一人だ。

副詞	おそらく

If we don't change the manufacturing process, the same thing will very **likely** happen again.

もし私たちが製造プロセスを変更しなければ、同じことがおそらくもう一度起こるだろう。

be likely to do	～しそうだ

Mr. Rogers **is likely to** accept the transfer to the Bern branch.

Mr. Rogers は Bern 支店への転勤を受け入れそうだ。

26 most

副詞	① (形 副の前に置かれて最上級を作り) 最も ② (動を修飾して) 最も ③ とても (very)

① James is the **most** talented member of staff.

James はスタッフの中で最も才能のあるメンバーだ。

② Of these three DVDs, I enjoyed this one **most**.

これらの 3 枚の DVD の中では、私はこれを最も楽しんだ。

③ We were **most** surprised to hear the news.

私たちはその知らせを聞いてとても驚いた。

81

| 形容詞 | ①最も多くの〜
②ほとんどの〜 |

① Mary got the **most** points in the board game, so she won.

そのボードゲームで Mary が最も多くの得点を得たので、彼女が勝った。

② **Most** people in this town drive to work.

この街のほとんどの人々が車で仕事に行く。

| 名詞 | ①ほとんどの人 / もの
②最も多い数 / 量 |

① **Most** of the sales staff live close to the office.

営業スタッフのほとんどがオフィスの近くに住んでいる。

② The supplier agreed to cut the price by 5%, which they said was the **most** they could do.

納入業者は 5% 価格を下げることに同意した。そして、それは彼らができる最大限のことだと言った。

| at (the) most | 多くても、せいぜい |

At most, only 10 people will come to the party.

多くとも 10 人しかパーティーに来ないでしょう。

27 neither

| 副詞 | 〜も〜しない |

Ms. Ward did not attend the meeting, and **neither** did Mr. Ross.

Ms. Ward はその会議に出席しなかった。また、Mr. Ross もしなかった。

| 形容詞 | どちらの A も〜ない |

Neither proposal was approved by the management.

どちらの企画も経営陣に承認されなかった。

★ neither の後は通例単数名詞。

間違いやすい語句 **Check 2**

| ☐ 代名詞 | （2つのうちの）どちらも～ない |

Neither of the two applicants will be hired as they are not experienced enough.
　経験不足なので、その2人の申込者のうちどちらも雇用されないだろう。

| ☐ neither A nor B | AもBも～ない |

Neither the manager **nor** the sales director showed up at the presentation.
　　　　　　部長も販売担当重役もプレゼンテーションに現れなかった。

28 once

| ☐ 副詞 | 一度、かつては |

I **once** lived in Tokyo.　　　　　　私はかつて東京に住んでいた。
I take an English lesson **once** a week.
　　　　　　　　私は週に一度英語のレッスンを取っている。
I've been to Canada **once**.　私は一度カナダに行ったことがある。

| ☐ 接続詞 | いったん～すると |

Once you get used to the job, you will like it.
　　　　　　　いったん仕事に慣れれば、好きになるでしょう。

| ☐ once in a while | 時々 |

I want to take a vacation **once in a while**.　たまには休暇を取りたい。

| ☐ at once | ただちに、すぐに |

The customer service representative said he would look into the problem **at once**.
　カスタマーサービス部の担当者は、ただちにその問題を調べると言った。

83

29 opposite

☐ 前置詞	〜の反対に
The new employee sat **opposite** the CEO and got nervous. 　　　　　　その新入社員はCEOの向かい側に座り、緊張した。	
☐ 形容詞	反対側の、逆の
I saw Tom walking on the **opposite** side of the street. 　　　　　　私はTomが通りの反対側を歩いているのを見た。	

30 other

☐ 形容詞	① (the や one's〜) もう一方の、残りの ② 他の
① I can't find my **other** glove.　　もう片方の手袋が見つからない。 　Eric failed the exam but the **other** students in the class passed it.　　Ericはその試験に落ちたが、クラスの他の生徒は合格した。	
② You should listen to **other** people, especially when you are in trouble.　　特に困ったときには、他の人の言うことを聞くべきだ。	
☐ 代名詞	① (the〜) 最後の一つ ② (the others で) 残り全部 ③ (others で) ほかの人たち、ほかの物
① I bought two books today. One is a novel and **the other** is a dictionary. 　　　　　　私は今日2冊本を買った。一冊は小説で、もう一冊は辞書だ。	
② I bought three books today. One is a novel and **the others** are dictionaries. 　　　　　　私は今日3冊本を買った。一つは小説で、残りは辞書だ。	
③ You must be kind to **others**.　　他人には親切にしなければならない。	

間違いやすい語句 Check 2

☐ other than	～以外

Other than the manager arriving late, the presentation went smoothly.

部長が遅刻してきた以外は、プレゼンテーションはスムーズだった。

☐ the other day	先日

I happened to see Mr. Martin on the train **the other day**.

先日、電車でたまたま Mr. Martin を見かけた。

31 own

☐ 動詞	所有する

Ms. Kent **owns** a luxury vacation house in Tahiti.

Ms. Kent はタヒチに贅沢な別荘を所有している。

☐ one's own A	～自身の A

My 5-year-old son has **his own** PC.

私の 5 歳の息子は自分のパソコンを持っている。

★この own は形容詞。

☐ on one's own	①一人きりで ②一人の力だけで

① Mr. White lives **on his own** in an apartment.

Mr. White はアパートに一人で住んでいる。

② I couldn't complete the task **on my own**, so I asked for his help.

私は自分の力だけでこの仕事を完了できなかったので、彼の助けを求めた。

32 past

形容詞	ここ（〜日・年など）、過去の

The sales have been good over the **past** 3 weeks.

売上はここ 3 週間ずっと良い。

From my **past** experience, you shouldn't put things off until the last minute.

私の過去の経験から言うと、物事は土壇場まで先送りするべきではない。

★ passed（pass の過去形・過去分詞形）との混同注意。

名詞	過去

Cassette tapes and records are widely recognized as things of the **past**.

カセットテープとレコードは過去のものであると広く認識されている。

前置詞	〜を過ぎて

We walked **past** the bank and turned around the corner.

私たちは銀行を歩いて通りすぎて、角を曲がった。

副詞	過ぎて

Months went **past** without any progress.　進歩もなく何ヶ月も過ぎた。

33 quite

副詞	①かなり、相当、割に ②（否定文で）完全に〜というわけではない

① It was **quite** an interesting lecture.

それはかなり興味深い講義だった。

② What he is saying is not **quite** true.

彼が言っていることは完全に正しいというわけではない。

★ quiet との読み違いに注意。
★語順に注意。通例、× a quite interesting lecture とはならない。

間違いやすい語句　Check 2

quite a few	かなりたくさんの

Quite a few people attended Peter's wedding.

かなりたくさんの人が Peter の結婚式に出席した。

★ a few が「少数の」の意味なので要注意。

34 rather

副詞	かなり、けっこう〜

It is **rather** difficult to predict the sales of a new product.

新製品の売れ行きを予測するのはかなり難しい。

A rather than B	B よりもむしろ A

Mr. Davis decided to study French **rather than** German.

Mr. Davis はドイツ語よりもむしろフランス語を勉強しようと決めた。

I wanted to stay home **rather than** go on a vacation somewhere.

私はどこかに休暇に行くよりも、むしろ家にいたかった。

★ A と B には名詞、形容詞、動詞などが入る。

would rather … than〜	〜するよりむしろ…したい

I **would rather** eat out tonight **than** cook for myself.

今夜は自炊するよりも外食したい。

★否定は would rather not do。「…」には動詞の原形が入る。また、than 以下は省略可能。

would rather S+ 過去形	むしろ S が〜するほうがよい

I'**d rather** we discussed the matter with the manager first.

先に部長とこの問題を話しあう方がいいです。

"May I smoke?"　　　　　　　　　「タバコを吸ってもいいですか」

"I'**d rather** you didn't."　「吸わないでいただけるほうがありがたいです」

★ would rather の that 節は現在・未来のことでも過去形であることに注意。また、上記の "I'd rather you didn't." は許可を求められた時、控えめに断るのによく使われる表現。

87

☐ **or rather**	もっと正確に言うと

He left his job, **or rather** he was dismissed.

彼は仕事をやめた。もっと正確に言うと、解雇されたのだ。

35 regardless

☐ 副詞	それにもかかわらず、それでもなお

It's Sunday today but I have to go to work, **regardless**.

今日は日曜日だが、それでも私は仕事に行かなければならない。

☐ **regardless of A**	Aにかかわらず、Aに関係なく

The management plans to open a new factory, **regardless of** the cost.

コストに関係なく、経営陣は新しい工場を開く計画をしている。

36 since

☐ 接続詞	①〜以来 ②〜なので

① Mr. Brown has been living in Paris **since** he was a child.

Mr. Brown は子供の頃からパリに住んでいる。

② **Since** Ms. Anderson is the most experienced staff member in the department, she was chosen to lead the project.

Ms. Anderson は部で一番経験を積んだメンバーなので、そのプロジェクトを率いるよう選ばれた。

☐ 前置詞	〜以来

The secretary has been out sick **since** Monday.

その秘書は月曜日からずっと病欠だ。

間違いやすい語句 Check 2

☐ 副詞	それ以来

Mr. Martin and I set up a business 10 years ago and we have been working together **since**.

Mr. Martinと私は10年前に会社を立ち上げ、それ以来一緒に仕事をしている。

37 somewhat

☐ 副詞	やや、いくぶん

The customer service representative I spoke to was **somewhat** unfriendly.

私が話したカスタマーサービスの担当者はいくぶん不親切だった。

38 soon

☐ 副詞	すぐに、間もなく

He came back **soon**. 彼はすぐに帰ってきた。

Soon after I got a part-time job at the shop, it went out of business.

その店でアルバイトの仕事を得てすぐ、その店は倒産した。

☐ sooner or later	遅かれ早かれ

The management thinks the sales will improve **sooner or later**.

経営者側は売上が遅かれ早かれ改善すると考えている。

☐ no sooner A than B	AするとすぐにBする

No sooner had I closed my umbrella **than** it started to rain again.

傘を折りたたむとすぐに再び雨が降りだした。

★ no soonerの後は倒置になることに注意。また、no soonerの節（S+V）は、通例過去完了（had done）、thanの節は過去形になる。hardly～whenも参照(p.78)

☐ as soon as	～するとすぐに

Please let me know **as soon as** you finish this work.

この仕事が終わったらすぐに私に知らせてください。

39 still

副詞	①今でも、依然として ②それでも、それにもかかわらず

① There are **still** seats available on the bus.

そのバスにはまだ空席がある。

② The sales are improving, but we **still** need to reduce costs.

売上は改善しているが、それでもまだ私たちはコストを削減する必要がある。

形容詞	形 静止した

The doctor told the patient to lie **still** while he was examining his injury.

医者は、けがを調べる間じっと横になっているように患者に言った。

40 such

形容詞	そのような〜

Such a problem can damage the company's reputation.

そのような問題は会社の評判にダメージを与えうる。

★位置に注意。
① a/an の前
　such an interesting argument　そのような興味深い主張
②数詞や some/any/many などの後
　many such books　多くのそのような本

such 〜 that S+V	あまりに〜なのでSがVする

It was **such** a beautiful day **that** I took a walk in the park during the lunch break.

とても美しい日だったので、昼休みに公園で散歩した。

★「〜」には形容詞＋名詞が入る。形容詞のみの場合や副詞が入る場合は、so〜that を使うが、改まった言い方では、so beautiful a day とする場合もある。

間違いやすい語句　Check 2

□ such A as B	BのようなA

The company offers catering services to **such** places **as** universities.

その会社は大学のような場所に食事サービスを提供している。

□ A such as B	たとえばBのようなA

Symptoms **such as** sneezes and fever are the most common for a cold.　くしゃみや熱のような症状が風邪で最もよくあるものである。

Large animals **such as** lions and elephants are popular in zoos.

動物園では、ライオンやゾウのような大型動物が人気がある。

41　well

□ 副詞	①よく、上手に ②かなり

① He plays tennis very **well**.　　　　彼はとても上手にテニスをする。

　Mix the flour and water **well**.　小麦粉と水をよく混ぜてください。

② The construction of the parking lot finished **well** ahead of schedule.　　　　駐車場の建設は予定よりかなり前に終わった。

　The temperature in the room was **well** above 40℃.

室内の温度は40度よりもかなり高かった。

　The staff are **well** aware of the problem and working on it.

スタッフはその問題を十分承知しており、取り組んでいるところだ。

★②は前置詞句も修飾することに注意。

□ as well	同様に、〜もまた

This seminar is intended for beginners, but intermediate learners are welcome **as well**.

このセミナーは初心者向きですが、中級学習者も歓迎です。

| □ A as well as B | B だけでなく A も |

Mr. Parker learns French **as well as** English.
　　　　　　Mr. Parker は英語だけでなくフランス語も学んでいる。

As well as working as a full-time accountant, James is also a volunteer fire fighter.

フルタイムの会計士として働くだけでなく、James はボランティア消防団員でもある。

| □ 形容詞 | 元気な、体調の良い |

"How are you?" "I'm very **well**, thank you."
　　　　　　「調子はどう？」「とても元気です、ありがとう」

42　whole

| □ 形容詞 | 全体の、まる～ |

spend a **whole** day writing the sales report
　　　　　　営業報告書を書いて一日中過ごす

| □ as a whole | 全体として、全体としての |

The manufacturing process **as a whole** is very advanced.
　　　　　　製造プロセス全体としてはとても先進的である。

| □ on the whole | 全体的に見て、概して |

On the whole, the construction went according to schedule.
　　　　　　全体的に見て、その工事はスケジュール通りに進んだ。

間違いやすい語句 Check 2

43 yet

□ 副詞	① (否定文で) まだ ② (疑問文で) もう

① I wasn't completely tired **yet**, so I kept walking.

　　　　　私はまだ完全には疲れていなかったので歩き続けた。

　He cannot come up with any ideas **yet**.

　　　　　彼はまだアイデアをひとつも出すことができない。

② Have you submitted your expense report yet?

　　　　　もう支出報告書を提出したのですか。

★必ずしも完了形と一緒に使われるわけではないことに注意。

□ 接続詞	しかし、だが

The team came up with a simple **yet** effective solution.

　　　　　チームは簡単だが効果的な解決策を出した。

Mr. Thomas is a talented designer, **yet** he lacks experience.

　　　Mr. Thomas は才能あるデザイナーだが、経験が不足している。

□ **have yet to do**	まだ〜していない

The project **has yet to be approved** by the management.

　　　　　そのプロジェクトはまだ経営陣の承認を受けていない。

★ be yet to do も同じように使われる。

Memo

その他の語句や覚えておきたい注意点など

Memo

Check 3 覚えておきたい文法・構文

注意すべき前置詞

よく知られた意味のほかにも重要な意味を持つもの、または見落としがちな前置詞があります。まとめておきましょう。

☐ across	～の端から端まで、～を渡った向こう側に

The mail-order company provides the next-day delivery **across** the country.　その通販会社は国中に翌日配達する。

There is a convenience store **across** the street.
　　　　　　　通りの向こう側にコンビニエンスストアがあります。
★動詞の cross「渡る」と混同注意。

☐ alongside	～に沿って、～と一緒に

Discount prices were shown **alongside** the original prices.
　　　　　　元々の値段に並んで、割引価格が示されていた。

☐ amid	～の中で、～の最中に

The CEO resigned **amid** rumors that the company was on the verge of bankruptcy.
　　　　会社が倒産の間際にあるという噂の中、CEO は辞職した。

☐ among	～の間で

divide the budget **among** the five teams　5つのチームで予算を分ける

☐ besides	～に加えて

Besides reading comic books, David spent his free time playing video games.

マンガを読むことに加えて、David は自由時間をテレビゲームをして過ごした。
★ beside「～のそばに」との混同注意。また、besides はこの他に接続副詞の使い方もある。(p.106)

覚えておきたい文法・構文 Check 3

☐ **beyond**	～を越えて、～の向こうに

Keep this medicine **beyond** the reach of children.

この薬を子供の手の届かないところに保管してください。

☐ **by**	①～までに　②（数量・程度）だけ

① submit the report **by** Thursday　　木曜日までにレポートを提出する

② The sales increased **by** 20% last month.

売り上げは先月 20% 伸びた。

☐ **despite**	～にもかかわらず

Despite its rather high price, Symphonia's new music player is selling very well.

わりと高い価格にもかかわらず、Symphonia 社の新しい音楽プレイヤーはとてもよく売れている。

☐ **during**	～の間

I stayed with my uncle **during** the summer vacation.

私は夏休みの間、叔父のところに滞在した。

★ during は前置詞なので S+V は来ない。while は接続詞。

☐ **for**	～にしては

Mr. Brown speaks French very well **for** someone who started learning it just last month.

つい先月学び始めた人としては、Mr. Brown はフランス語をとてもうまく話す。

☐ **given**	～ということを考えると

Given the poor sales last month, we need to launch a new promotional campaign.

先月の良くない売上を考えると、われわれは新しい販売促進キャンペーンを始める必要がある。

★ that 節も取ることができる

97

☐ in
① ～後に　② (かかる時間) ～間で

① The meeting will finish **in** two hours.　会議は2時間後に終わるだろう。
② We went on 3 business trips **in** a week.
　　　　　　　　　　　　　　　私たちは1週間で3回出張に行った。

☐ into
(ある時間について) ～の中まで

About twenty minutes **into** the meeting, the CEO showed up.
　　　　　　　　　　　会議が始まっておよそ20分後、CEOが現れた。

☐ notwithstanding
～にもかかわらず

Notwithstanding a severe recession, Greentech Ltd. made significant profits this year.

深刻な景気後退にもかかわらず、Greentech社は今年相当な利益を上げた。

☐ off
～から離れて、～の沖に

There is a post office 50 meters **off** the main street.
　　　　　　　　　　　大通りから50m離れたところに郵便局がある。

☐ on
① ～について
② ～するとすぐに、～と同時に

① give a lecture **on** technology　テクノロジーについての講義を行なう
② **On** your arrival at the airport, our representative will be waiting for you.

　空港に到着されると同時に、私どもの代理人がお待ちいたしております。

☐ over
～にわたって

The sales staff have been working on the project **over** the last three months.

営業スタッフは過去3ヶ月にわたってずっとそのプロジェクトに取り組んできた。

☐ past
～を通り過ぎて、(時間を) 過ぎて

drive **past** the bank　　　　　　　　銀行を車で通り過ぎる
It was well **past** midnight.　　　　午前0時をかなり過ぎていた。

★ passed (passの過去形・過去分詞形) との混同注意。

覚えておきたい文法・構文 Check 3

☐ pending ～を待つ間

The project was suspended **pending** permission to proceed from the management.

経営陣から進行許可を得るまでそのプロジェクトは一時中止になった。

☐ regarding ～に関して

The CEO made an announcement **regarding** the company's restructuring plan.

CEO が会社の再建計画に関して発表を行なった。

☐ through ～まで、～を通り抜けて

The exhibition runs from September 3 **through** October 12.

この展覧会は 9 月 3 日から 10 月 12 日まで行なわれます。

☐ throughout ～の間中、～のいたるところに

known for high quality **throughout** the country

高い品質で国中に知られている

☐ toward ～に向けて、～を目指して

All the donated money will be used **toward** constructing a new library. 寄付金は全額、新しい図書館の建設に向けて使われます。

☐ underneath ～の下に

He found some coins **underneath** the driver's seat.

彼は運転席の下にいくつかの硬貨を見つけた。

☐ with
① ～を使って
② (with ＋ A ＋補語で)A が～の状態で

① cut the cake **with** a knife　　　　　　ナイフでケーキを切る

② hit the ball **with** my eyes closed　　目を閉じたままボールを打つ

☐ within ～以内に

The product you ordered will be shipped **within** 3 days.

あなたが注文した製品は 3 日以内に発送されます。

群前置詞

2語以上の語が集まって1つの前置詞のような働きをするものを集めました。

☐ ahead of　　　　　　　　　〜の前に、〜より先に

The construction was completed **ahead of** schedule.

建設はスケジュールよりも早く終わった。

☐ apart from　　　　　　　　〜を除いて

Apart from the dull color, the new CD player is really good.

地味な色を除いては、その新しいCDプレイヤーはとても良い。

☐ as for　　　　　　　　　　〜に関して言えば

As for the next project, Mr. Langer will be in charge.

次のプロジェクトに関しては、Mr. Langerが責任者となる。

☐ due to　　　　　　　　　　〜のせいで

Due to the inclement weather, the flight was cancelled.

悪天候のせいで、そのフライトは欠航となった。

☐ except for　　　　　　　　〜を除いて

The shop is open seven days a week **except for** Christmas day.

その店は、クリスマス以外は年中無休で開店している。

★ except+名詞または except (that) S+V の使い方もある。

☐ in addition to　　　　　　　〜に加えて

In addition to the discount on the ticket, they gave me a coupon for the next purchase.

チケットの割引に加えて、次回購入のためのクーポンもくれた。

覚えておきたい文法・構文　Check 3

☐ in spite of　　〜にもかかわらず

In spite of the bad weather, more than one thousand people came to the outdoor concert.

悪天候にもかかわらず、1000人以上の人が野外コンサートに来た。

★ despite と in spite of を混ぜて、despite of などとしないように注意。

☐ in terms of　　〜に関して

In terms of running costs, the new copier is much better than the old one.

ランニングコストの点で、新しいコピー機は古いのよりはるかによい。

☐ instead of　　〜の代わりに

Steven drove his wife's car to the station **instead of** his own.

Stevenは自分の車の代わりに妻の車で駅まで行った。

★ instead (p.106) も注意。

☐ out of　　〜の中から外へ

He walked **out of** the room without saying good-bye.

彼はさよならも言わずに部屋から歩いて出た。

☐ owing to　　〜のせいで

Owing to the bad weather, the company barbecue was postponed.

悪天候のせいで、会社のバーベキューは延期になった。

☐ prior to　　〜に先だって

check the sales figures **prior to** the meeting

会議の前に売り上げの数値を確認する

☐ regardless of　　〜に関係なく、〜にかかわらず

Anyone can take this English course **regardless of** their level.

レベルに関係なく誰でもこの英語のコースを取ることができる。

★ regardless (p.88)

☐ up to　　最大〜まで

This concert hall can accommodate **up to** 1200 people.

このコンサートホールは最大1200人まで収容できる。

101

□ with regard to　　　〜に関して

With regard to your inquiry, all of our products come with a one-year warranty.
お問い合わせに関しまして、当社の製品はすべて1年間の保証が付いております。

注意すべき接続詞

学習者が見落としがちなもの、接続詞には見えにくいものなどを集めました。

□ except　　　〜ということを除いて

This hotel is ideal for international conferences, **except** it is located in a remote area.
このホテルは辺ぴな地域にあることを除いては、国際会議に最適である。

□ nor　　　〜もまた〜ない

I don't like the idea, **nor** does the manager.
私はそのアイデアが気に入らないし、部長もまた同じである。
★例文は nor 以下が倒置になっている。

□ once　　　いったん〜すると

Once the products are assembled, they are inspected for any defects.　製品が組み立てられると、欠陥がないかどうか調べられる。

□ provided (that)　　　〜である場合に限って、〜という条件で

Provided that proper receipts have been submitted, the actual cost will be reimbursed.
適切な領収書が提出されている場合に限り実費の払い戻しを受けられます。

□ unless　　　〜しない限り

Unless we bring down the price, the sales of the product will not improve.　値段を下げない限り、その製品の売れ行きは改善しないだろう。
★ unless otherwise + done も注意（p.112）

覚えておきたい文法・構文 Check 3

☐ whereas　　　〜の一方で

The new copier is fast and easy to use **whereas** the old one was slow and got jammed too often.

新しいコピー機は速くて使いやすい。その一方で、古いのは遅くて詰まることがとても多かった。

☐ whether　　　①〜かどうか、②〜であろうと

① Please let us know **whether** you are coming to the party or not.

パーティーに来るかどうか知らせてください。

② You need to bring your receipt to get a full refund **whether** you paid by cash or by credit card.

現金で支払おうとクレジットカードで支払おうとも、全額返金にはご自分のレシートをお持ちいただく必要があります。

☐ while　　　①〜する一方で、②〜する間

① **While** his report was full of mistakes, he made several useful suggestions to improve efficiency.

彼のレポートは間違いだらけだったが、効率を改善するための役立つ提案をいくつか行なっていた。

② The company is planning to modernize its manufacturing plant **while** the sales are improving.

その会社は、売上が改善している間に、製造工場を近代化しようと計画している。

While staying in New Zealand, I made lots of friends.

ニュージーランドにいる間に、多くの友だちができた。

★ while は接続詞だが、②の2つ目の例文のように while 〜ing という形をとる。ただし、この〜ing は、厳密には S+be 動詞が省略された形で分詞。

☐ yet　　　しかし

He just started work last month, **yet** everyone in the department relies on him.

彼は先月仕事を始めたばかりだが、部内の誰もが彼を頼っている。

セットになった接続詞

複数の語で接続詞として働くものを集めました。

☐ as long as　　〜する限り、〜しさえすれば

You can use my car tomorrow **as long as** you buy me lunch.

昼食おごってくれるなら、明日私の車を使ってもいいよ。

☐ both A or B　　AとBの両方

Meubles Furniture is well-known for **both** its quality **and** originality of the furniture they produce.

Meubles Furniture は、生産する家具の質と独創性の両方でよく知られている。

☐ by the time　　〜するころまでには

By the time John got to the station, the train had already left.

John が駅に着いた時には、電車はすでに出ていた。

☐ either A or B　　AかBのどちらか

Either Mr. Kent **or** Ms. Ray will have to attend the sales meeting at the head office.

Mr. Kent か Ms. Ray のどちらかが本社での営業会議に出席しなければならないだろう。

☐ in case　　〜する場合に備えて

Ms. Brown made 10 extra copies of the material **in case** more people than expected attended her presentation.

Ms. Brown は予想より多くの人がプレゼンテーションに出席してもよいように、必要な分より 10 部多く資料を作った。

覚えておきたい文法・構文 Check 3

☐ in that　　～するという点で

Alphatec's new printer is better than its old models **in that** its running cost is much lower.

Alphatec 社の新しいプリンターは、ランニングコストがはるかに低いという点で、古いモデルよりも良い。

☐ neither A nor B　　A も B も～ない

Neither Mr. Roberts **nor** Ms. Garcia will be chosen to lead the project.

Mr. Roberts も Ms. Garcia も、そのプロジェクトを率いるのに選ばれないだろう。

☐ not only A but also B　　A だけでなく B も

Ms. Tabe **not only** received a special bonus **but also** was promoted to manager.

Ms. Tabe は特別ボーナスを受け取っただけでなく、部長に昇格した。

☐ now that　　もう～なので、今や～だから

Now that the recession is finally over, our business should improve.

景気後退もようやく終わったのだから、われわれの商売も改善するはずだ。

☐ so ～ that　　あまりに～なので

Mr. Baker was **so** drunk **that** he could barely walk.

Mr. Baker はあまりに酔っていたので、歩くのがやっとだった。

☐ so that　　～するように

I opened the window **so that** fresh air would come in.

新鮮な空気が入ってくるように私は窓を開けた。

☐ the moment　　～した瞬間

The moment the telephone rang, I knew it was Walter.

電話が鳴った瞬間、それが Walter だとわかった。

105

接続副詞

品詞としては副詞ですが、前の文と内容的につなげる働きを持つものがあります。前置詞・接続詞との違いは p.108。

| ☐ besides | さらに、ほかにも |

I don't mind working on night shift. **Besides**, I need the money.

私は夜勤するのは構わない。それに、そのお金が必要だ。

★前置詞の使い方もある（p.96）

| ☐ consequently | したがって |

The company's sales have greatly improved over the past year. **Consequently**, the management has decided to raise the salary for the employees.

会社の売上はこの一年間で大幅に改善した。それゆえ、経営陣は従業員の給料を上げることに決めた。

| ☐ hence | それゆえ |

Mr. Green's performance had been exemplary, **hence** his promotion to chief.

Mr. Green の成績はずっと優秀であり、それゆえ、主任への昇進となった。
★後ろに名詞だけが来る場合も多い。

| ☐ however | しかしながら |

The business was slow last month. **However**, it is getting better.

先月の商売は低調だった。しかしながら、良くなってきている。

| ☐ instead | 代わりに |

James didn't give his wife a present for her birthday. **Instead**, he took her on vacation.

James は妻に誕生日のプレゼントを贈らなかった。代わりに、彼は、妻を休暇旅行に連れて行った。

★ instead of（p.101）も参照。

覚えておきたい文法・構文 Check 3

☐ meanwhile　　　その間に、一方では

Your orders will be shipped within 2 days. **Meanwhile**, we would appreciate it if you could take some time to fill in the questionnaire.

ご注文の品は2営業日以内に発送されます。その間に、アンケートにご記入いただく時間をお取りいただければ感謝いたします。

☐ moreover　　　さらに、その上

Mr. Denver was promoted to chief. **Moreover**, he received a special bonus.

Mr. Denverは主任に昇進した。その上、彼は特別ボーナスを受け取った。

☐ nevertheless　　　それにもかかわらず

Her English has greatly improved. **Nevertheless**, she is not confident.

彼女の英語はかなり上達した。それにもかかわらず、彼女は自信がない。

☐ nonetheless　　　それにもかかわらず

We checked the draft many times. **Nonetheless**, there were several mistakes.

私たちは何度も草稿をチェックした。それにもかかわらずいくつかの誤りがあった。

☐ otherwise　　　そうでなければ

Submit your application by Friday. **Otherwise**, you won't be considered.

申し込みは金曜日までに提出してください。さもなければ、考慮されないでしょう。

☐ still　　　それでもなお

The price of Electra's new microwave was quite high. **Still** it was very popular.

Electra社の新しい電子レンジの価格はとても高かったが、それでもとても人気があった。

☐ therefore　　　　　　　それゆえ

Among the four candidates, Mr. Green was the most experienced. **Therefore** he was chosen for the position.

4人の候補者の中で Mr. Green が最も経験を積んでいた。それゆえに、彼がその役職に選ばれた。

接続詞・前置詞・接続副詞の使い方

天気が悪かったが、魚釣りに行った

接続詞　2つの文や句をつなぐ

Although <u>the weather was bad</u>, <u>we went</u> fishing.
　　　　　　S+V　　　　　S+V

前置詞　名詞または名詞と同じ働きをする語句をとる

Despite <u>the bad weather</u>, we went fishing.
　　　　名詞の固まり　→ despite は前置詞なので後ろに S+V はこない

接続副詞　前にある文との関係を表す

The weather was bad. **Nevertheless**, we went fishing.
　　　　　　　　　　　↑
　　　　　　　新しい文として始める

The weather was bad. We went fishing, **nevertheless**.
→普通の副詞として文中や文末にも入ることがある

覚えておきたい文法・構文 Check 3

不定詞 (to do) の主な使い方

すること……名詞として主語や目的語などになる
I like **to meet new people**.　　　　　知らない人と知り合うのが好きだ。
するための……形容詞のように名詞を説明する
I don't have the chance **to meet new people**. 　　　　　　　　　　知らない人と知り合うための機会がない。
するために……副詞のように動詞を説明し目的を表す
I went to the party **to meet new people**. 　　　　　　　知らない人と知り合うためにパーティーに行った。
S+V+O+to do……O に / が to do するように V する
I **encouraged** him **to meet new people**. 　　　　　　　　　　知らない人と知り合うように彼に勧めた。 ★ to meet の意味上の主語（誰が知らない人と知り合うのか）は him であることに注意。

原形不定詞の主な使い方

知覚動詞＋O＋原形　O が〜するのを見る・聞く・感じる
I **saw** a man wearing a black suit **enter** the building. 　　　　　　　黒いスーツを着た男性がビルに入るのを見た。
使役動詞＋O＋原形　O に〜してもらう
I **had** the staff **check** the draft. 　　　　　　　　スタッフに草案をチェックしてもらった。

-ing形(現在分詞・動名詞)の主な使い方

すること
I like **playing the piano**.　　　　　　　　ピアノを弾くことが好きだ。
I'm interested in **studying abroad**.　　　留学することに関心がある。
★ to do も「〜すること」の意味を持つが、前置詞の後には使えない。
(名詞の前に置かれて) するための、〜用の
a **boarding** pass　搭乗券
a **sleeping** bag　寝袋
★ a pass for boarding、a bag for sleeping の関係が成り立つ。
〜しているA
The boy **playing the piano over there** is my brother. 　　　　　　　　　　あそこでピアノを弾いている男の子は私の弟だ。
〜しながら、〜して、〜するので
Playing the piano, I couldn't hear the phone ringing. 　　　　ピアノを弾いていたので、電話が鳴っているのが聞こえなかった。 ★いわゆる分詞構文。分詞に「〜しながら、〜なので」など、接続詞の働きを持たせている。
知覚動詞＋O＋-ing形　Oが〜するのを見る・聞く・感じる
I **saw** him **playing the piano**.　彼がピアノを弾いているのを見た。

過去分詞の主な使い方

〜されたA、〜されるA
the car **repaired at a local garage** 　　　　　　　　　　　　　　　地元の整備工場で修理された車

覚えておきたい文法・構文　Check 3

～されて、～される(た)ので
Repaired at a local garage, the car is in good condition.
地元の修理工場で修理されて、その車は良い状態だ。
★いわゆる分詞構文。分詞に「～されて、～なので」など、接続詞の働きをもたせている。

知覚動詞＋O＋過去分詞　Oが～されるのを見る・聞く・感じる
I **saw** the car **repaired at a local garage**.
私は地元の修理工場でその車が修理されるのを見た。

have＋O＋過去分詞　Oを～してもらう
I **had** the car **repaired at a local garage**.
私は地元の修理工場で、その車を修理してもらった。

不定詞・分詞・動名詞の慣用表現

be to do	①予定である ②しなければならない

① The CEO **is to visit** the manufacturing plant in Malaysia tomorrow.

　　　　　　　CEO は明日マレーシアの製造工場を訪れる予定である。

② Lab equipment **is not to be used** without permission.

　　　　　　　実験室の器具類は許可無く使用してはならない。

busy doing	～するのに忙しい

Mr. Clark's secretary is **busy making** arrangements for his business trip to London.

　　　　　Mr. Clark の秘書は、彼のロンドン出張の手配をするのに忙しい。

generally speaking	一般的に言って

Generally speaking, the cost of living is higher in big cities.

　　　　　　　一般的に言って、生活費は大きな都市でより高い。

★この他に、frankly speaking「率直に言って」などがある。

have trouble doing
〜にするのに苦労する

I **had some trouble connecting** to the Internet while staying at the hotel.

ホテルに滞在している間、私はインターネットに接続するのにやや苦労した。
★ have difficulty doing「〜するのが難しい」も重要。

have yet to do
まだ〜していない

The sales report **has yet to be checked**.

売上報告書はまだチェックされていない。
★ be yet to do も同じ

spend 金 / 時間 doing
金 / 時間を〜するのに費やす

Mr. Moore's team **spent hours revising** the project proposal.

Mr. Moore のチームは、プロジェクトの企画を改定するのに何時間も費やした。

too 〜 to...
あまりに〜なので…できない

The deadline was **too** tight **to** complete the report on time.

締め切りがあまりにタイトだったので、時間通りにレポートを完成できなかった。

unless otherwise done
別途〜されない限り

Unless otherwise notified, all expense reports must be submitted by the end of each month.

別途通知されない限り、全ての経費報告書は毎月末までに提出されなければならない。
★ done のところには過去分詞が入る。

worth doing
〜する価値がある

The novel was **worth reading**.　　その小説は読む価値があった。

覚えておきたい文法・構文 Check 3

to do をとる主な動詞

afford to eat	食べる余裕がある	**learn** to eat	食べることを学ぶ
ask to eat	食べたいと頼む	**manage** to eat	なんとか食べる
decide to eat	食べることにする	**offer** to eat	食べようと申し出る
fail to eat	食べ損なう	**pretend** to eat	食べるふりをする
expect to eat	食べることを期待する	**promise** to eat	食べることを約束する
happen to eat	たまたま食べる	**refuse** to eat	食べることを拒否する
hesitate to eat	食べることをためらう	**seem** to eat	食べるようだ
hope to eat	食べることを望む	**tend** to eat	食べる傾向がある
intend to eat	食べるつもりである	**wish** to eat	食べたい

doing を取る主な動詞

avoid eating	食べることを避ける	**escape** eating	食べることから逃れる
admit eating	食べたことを認める	**finish** eating	食べ終わる
consider eating	食べようかと考える	**keep** eating	食べ続ける
deny eating	食べたことを否定する	**mind** eating	食べることを嫌がる
enjoy eating	食べることを楽しむ	**suggest** eating	食べることを提案する

to do/doing で意味が変わる動詞

forget to eat	食べないといけないことを忘れる
forget eating	食べたことを忘れる
need to check	チェックする必要がある
need checking	チェックされる必要がある
remember to eat	食べないといけないことを覚えている
remember eating	食べたことを覚えている
stop to eat	食べるために（何かを）やめる、立ち止まる
stop eating	食べることをやめる
try to eat	食べることに挑戦する、食べようとする
try eating	ためしに食べてみる
want to check	チェックしたい
want checking	チェックされる必要がある

V+O+to do の構文を取る主な動詞

advise him to eat	彼に食べるように忠告する
allow him to eat	彼に食べることを許す
ask him to eat	彼に食べるように頼む
enable him to eat	彼が食べることを可能にする
encourage him to eat	彼に食べるように勧める、奨励する
expect him to eat	彼が食べるだろうと思う
invite him to eat	彼に食べるように誘う
persuade him to eat	彼に食べるように説得する
require him to eat	彼が食べることを要求する
send him to eat	彼に食べに行かせる
tell him to eat	彼に食べるように言う

Memo

その他の項目や覚えておきたい注意点など

Memo

Memo

Point 1 語彙問題

解き方ポイント ①

設問文を正確に読む

語彙問題は読解力がカギ

例題

During the sales meeting, the CEO asked Mr. Moore which of their products was _____ selling well.

(A) reluctantly   ← しぶしぶ
(B) involuntarily ← 不本意ながらも
(C) currently   ← 目下のところ、現在は
(D) deliberately ← 故意に、用心深く

語彙問題というと、選択肢に並んでいる単語の意味を知っているかどうかに意識が集中しがちですが、それだけではなく、設問を読み、その文脈からどのような意味を持つ語が空所に入るべきなのかを推測できなければなりません。たとえ選択肢の単語の意味を全部知っていても、設問文を読み間違えれば誤答することもあります。したがって、選択肢の意味を知っているだけでは解けませんし、空所の前後だけを読んでも間違える恐れがあります。その意味では、**語彙問題とは、単語の知識を問うだけでなく、読解力を問う問題とも言えます。設問文は正確に読むように心がけてください。**意味的にどのようなものが入りうるのか、**選択肢がなくても思いつくぐらいがベストです。**

語彙問題　Point 1

また、TOEIC の問題ではあくまでも "best answer" を選ぶことになっています。正しいか間違っているかということではありません。こじつけたら入るというものは選ばないようにしましょう。

例題の設問の意味は、

> 営業会議の間、CEO は Mr. Moore に、自分たちの製品のうち現在どれがよく売れているのかを尋ねた

ですから、正解は (C)「現在は」だとわかりますね。

解き方ポイント ❷

迷ったら、使い方と微妙な意味を考える

文意に執着しない

もし、2つ以上の選択肢が意味的に当てはまりそうに見える場合、

①使い方を確認する
②微妙な意味まで考える

この2点に気をつけましょう。

① 使い方を確認する

例題

This website offers you useful _____ on saving money and is visited by hundreds of thousands of people every day.

(A) suggestion ← 可算名詞で「提案、企画」
(B) advice ← 不可算名詞で「アドバイス」
(C) equipment ← 不可算名詞で「設備」
(D) compliment ← 可算名詞で「お世辞」

たとえば、上記の問題では、選択肢の (C)(D) は文脈から外せますが、(A)(B) については、意味は互いに異なるものの、文脈上どちらでも当てはまりそうに見えます。つまり、この問題は意味だけ考えていてもだめで、使い方に違いがないかも考える必要があるのです。ここでは、(A) は可算名詞で、(B) は不可算名詞ですね。そして、設問では useful の前に冠

語彙問題 Point 1

詞が付いていません。よって、答えは (B) です。(A) なら冠詞またはそれに相当する語がついているか、もしくは suggestions でなければならないからです。

このように、使い方まで考えないと解けない問題も出題されますので、意味的に入りそうな選択肢が複数ある場合は使い方まで気をつけてください。

注意すべきポイントは次の通りです。

> 名詞
> 可算・不可算の区別
> 単数・複数
> 特定の前置詞が必要かどうか

> 動詞
> 取りうる文型や後ろにどんな形の語句が来るのか

> 形容詞
> 特定の前置詞が必要かどうか

逆に言えば、語彙の問題といえども、これらの点に気をつけていればヒントとなり正答しやすくなることもあるのです。

解答

このウェブサイトはお金の節約について役に立つアドバイスをご提供しており、毎日何十万人もの方が訪れます。解答 (B)

②微妙な意味まで考える

日本語訳はあまり変わらなくても、意味がかなり違うということはよく起こります。時間に焦っていると見落とすので要注意です。

> **例題**
>
> Mr. Heinsworth's colleagues told him that he should not _____ from his job until he found a new one.
> (A) dismiss (B) resign (C) lay off (D) discharge

このような場合、すべて仕事をやめることに関する動詞ですから、どれも当てはまりそうに感じるかもしれません。

しかし、それぞれの選択肢の意味を詳しく見ると、

(A) dismiss 「解雇する」　　(B) resign 「辞職する」
(C) lay off 「一時解雇する」　(D) discharge 「解雇する」

このように、微妙に意味が異なります。

例題では、「辞めさせる」ではなく「辞める」が必要ですから、(A)(C)(D)は入りません。よって、(B)が正解ですね。よく似た意味の語句が出題された場合は、微妙な意味の違いまで気をつけてください。

> **解答**
>
> Mr. Heinsworth の同僚たちは、新しい仕事が見つかるまで、辞めるべきではないと言った。解答 (B)

語彙問題 **Point 1**

解き方ポイント ❸

問題の取捨選択をはっきりさせる

時間の無駄使いに注意

語彙問題は、選択肢に難しい単語が出てくることが多いので、場合によっては知らない単語ばかりということも起こりえます。その場合は、深く考えすぎず、カンで答えて次の問題に移ってください。

例題

Before making a final decision, the hiring committee went over Mr. Brown's résumé and other _____ documents.

(A) relevant (B) indifferent
(C) considerate (D) exorbitant

例えば、例題でも(A)〜(D)の単語の意味がわからなければ、いくら設問文の意味がわかろうとも、空所にどんな意味の語が入るかわかろうとも、正答することができません。時間を無駄に使わず、割り切ってカンで選び、次の問題に移りましょう。ここでは、(A)「関連した」(B)「無関心な」(C)「思いやりのある」(D)「法外な」ですので、(A)が正解ですね。

解答
最終決断を下す前に、雇用委員会はMr. Brownの履歴書と他の関係書類を見なおした。解答(A)

123

Memo

その他の項目や覚えておきたい注意点など

Memo

Point 2 品詞問題

解き方ポイント ❶

選択肢の品詞を確実に把握する

語尾に注意

下記のように、選択肢に同じ単語の派生語が並ぶタイプの問題では、選択肢の品詞がそれぞれ何なのかを把握してください。

例題

It is often said that being an expert in a field does not _____ mean you can teach it well.

(A) necessity　　　← 名詞で「必要性」
(B) necessary　　　← 形容詞で「必要な」
(C) necessarily　　← 副詞で「必ずしも」
(D) necessitate　　← 動詞で「必要にする」

ここでのポイントは、たとえ知らない単語であっても、単語の形から品詞を予測するということです。特に語尾に注意してください。**たとえ知らない単語であっても、品詞さえ予測できれば、正答できる確率はかなり高くなります。**例題でも、does not と動詞の mean の間に入りうるのは、副詞しかありませんから、(C) が正解になります。

ただし、複数の品詞を持つ語には注意してください。

品詞問題 Point 2

例えば、characteristic は、名詞と形容詞の使い方があります。このうち自分の覚えていない方の使い方が出題されることもありますので、頭から「この単語の品詞は形容詞だ」などと決めつけないようにしましょう。

> 注意
>
> 《-ly と -ty を読み間違えないように》
> 多くの副詞は -ly で終わっていて、形容詞の名詞形などは語尾が -ty であることがよくあります。ただ、この2つは形がよく似ているため、急いでいると、見間違える恐れがありますので、注意しましょう。
>
> safely …… 副詞
> safety …… 名詞

また形容詞と副詞の区別は、苦手な方には難しいので注意が必要です。基本的には、形容詞に -ly を足して副詞にするので、副詞は -ly で終わっているものが多いです。そして、形容詞は名詞が「どんな」ものかを説明し、副詞は、動詞や形容詞、副詞を説明し「どんなふうに」に当たる語です。迷ったら、どの語を説明しているはずなのかを考えましょう。

> 解答
>
> ある分野で専門家であることが、必ずしもそれをうまく教えられるとは限らないとよく言われる。 解答 (C)

解き方ポイント ❷

文の意味と構造から必要な品詞を推測する

日本語訳だけで決めつけない

選択肢の品詞を確認すると同時に、空所にどんな品詞が必要なのかを考えます。設問文の意味がわからなくても、どの品詞が入りうるかはわかることが多いです。細かな意味に集中せず、文全体の構造を把握してください。

注意しなければならないのは、日本語の意味だけで考えると間違う恐れがあるということです。

　　美しく歌う　　→　　Mary sings beautifully.
　　美しく見える　→　　Mary looks beautiful.

日本語では、両方とも「美しく」ですが、英語の場合、beautifully と beautiful と、異なる品詞が必要となります。このように、日本語の訳と英語の品詞が必ずしも一致するわけではありませんので、あくまでも英語の文型や構文、構造的に考えて必要な品詞を決めてください。

迷ったときは、品詞が同じで簡単な別の単語に置き換えて考えてみるとわかる場合があります。 たとえば、appreciate、appreciation、appreciable、appreciably のどれにするかがわからなければ、eat、book、happy、beautifully を代わりに入れてみると、意味的にはおかしくなっても、文法的に入るものがわかりやすくなります。

品詞問題　Point 2

解き方ポイント ❸

同じ品詞で迷ったら使い方と意味も考える

知らないなら捨てる

問題によっては、品詞が同じで別の派生語が含まれていることがあります。もし、複数の選択肢が空所に入りうる場合、使い方や意味を考えましょう。

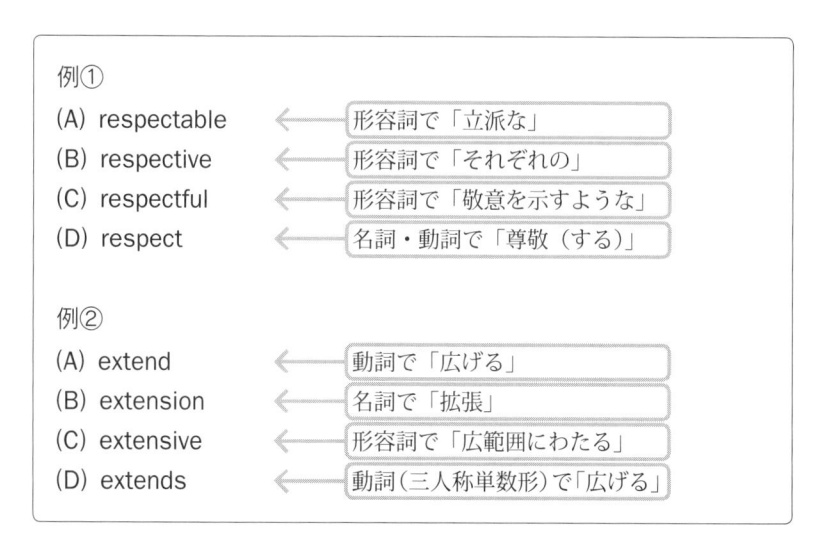

例①

(A) respectable　←　形容詞で「立派な」

(B) respective　←　形容詞で「それぞれの」

(C) respectful　←　形容詞で「敬意を示すような」

(D) respect　←　名詞・動詞で「尊敬（する）」

例②

(A) extend　←　動詞で「広げる」

(B) extension　←　名詞で「拡張」

(C) extensive　←　形容詞で「広範囲にわたる」

(D) extends　←　動詞(三人称単数形)で「広げる」

例①の場合、たとえ空所に入る語が形容詞であるとわかったところで、(D)は外せても、(A)～(C)の意味を正確に知らなければ、選ぶのが難しくなります。逆に言えば、意味を覚えていなければ、考えても仕方がありませんから、あまり時間をかけずにカンで選び、時間を無駄にしないようにしてください。

例②で注意するのは、(A)(D)です。ともに動詞ですが、(D)は三人称単数形の-sがついています。つまり、主語を確認して選ばなければならないということですね。時間に焦っていると、(A)を見た瞬間に「これが答えだ」と早とちりしてしまい、主語が三人称単数名詞であっても、(A)を選んでしまいがちです。引っかからないように気をつけましょう。

Memo

その他の項目や覚えておきたい注意点など

Point 3　接続詞・前置詞・接続副詞

解き方ポイント ❶

選択肢の意味と品詞を確認する

日本語の意味だけで決めない

接続詞・前置詞・接続副詞を問う問題では、選択肢にこれら複数の品詞が混ざっていることがあります。その場合は、選択肢の品詞と使い方を確認しましょう。

選択肢の例

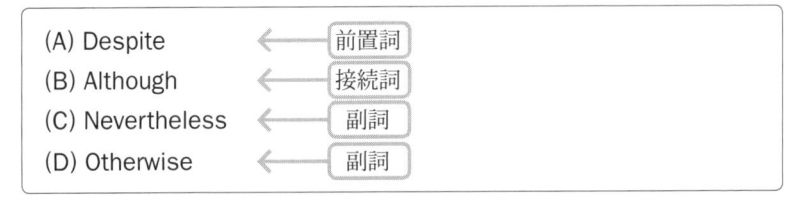

(A) Despite	← 前置詞
(B) Although	← 接続詞
(C) Nevertheless	← 副詞
(D) Otherwise	← 副詞

この時に注意しなければならないのは、日本語訳が同じでも品詞が異なる場合があるということです。たとえば、上記の選択肢では、(A)(B)(C)のいずれも「にもかかわらず」という訳がつきますが、それぞれに品詞が異なります。したがって、日本語の単語訳から品詞を決めつけることのないように注意が必要です。

接続詞・前置詞・接続副詞 **Point 3**

> 解き方ポイント ❷

設問文から必要な品詞を見分ける

あくまで文の構造を考える

選択肢 (A)〜(D) で品詞が異なる場合は、設問の構造に注意して、空所には何が必要かを見分けます。これだけで、選択肢がいくつか絞れます。次の例を見てください。

> 例題

1. _____ the fact that Mr. Lee joined the company just two months ago, he was promoted to chief last week.

2. _____ Mr. Lee joined the company just two months ago, he was promoted to chief last week.

3. Mr. Lee joined the company just two months ago. _____ he was promoted to chief last week.

(A) Despite
(B) Although
(C) Nevertheless
(D) Otherwise

133

それぞれの英文の構造は次の通りです。

> **名詞の固まり**
> Mr. Lee はたった2ヶ月前に入社したという事実

1. ___?___ the fact that Mr. Lee joined the company just two months ago, he was promoted to chief last week.
　　　　　　　　　　　　　　　　　　　　　　　　S+V

　　　　　　　　S+V
2. ___?___ Mr. Lee joined the company just two months ago, he was promoted to chief last week.
　　　S+V

> **S+V が2つ**
> Mr. Lee が入社したという文と、主任に昇進したという文を結ぶことが必要

3. Mr. Lee joined the company just two months ago. ___?___ he was promoted to chief last week.

> **単独の文**
> Mr. Lee が入社したという文と、主任に昇進したという文を結ぶことが必要

文意だけで決めようとすると、(A)〜(C)のいずれもが「〜にもかかわらず」という日本語訳がつくことから、間違った選択肢を選んでしまう恐れがあります。

1は名詞の固まりしか後ろにありませんので、前置詞が必要です。2は、2つの S+V を結んでいますので接続詞が入ります。3は、新たな文として始まっていますから、副詞が必要です。よって、正解は、1 =(A)、2 =(B)、3 =(C)ですね。

接続詞・前置詞・接続副詞 **Point 3**

解き方ポイント ❸

複数の選択肢が入る場合は文脈から決める

読解力を問われることに注意

文法的に複数の選択肢が入る場合、問われているのは意味ですから、設問を正確に読む必要があります。

例題

The owner of Warren Stationery considers opening a second branch _____ the sales are greatly improving.
(A) as (B) although (C) until (D) during

Warren Stationery の店主は、売上が大幅に改善＿＿＿、2つ目の支店を開店することを考えている。
(A) しているので (B) しているけれども (C) しているまで

例題では、(A)(B)(C) は接続詞、(D) は前置詞です。空所の後にはS+Vがありますから、(D) は外れますが、あとは意味を考える必要があります。文意で選ぶ場合は、誤答選択肢もゴリ押しすれば入りそうに見えることがあります。例題でも、(B) も特殊な状況であれば、絶対に成り立たないとまでは言えないかもしれません。しかし、TOEIC はあくまでも best answer を選ぶ必要があるのです。

解答

Warren Stationery の店主は、売上が大幅に改善しているので、2つ目の支店を開店することを考えている。解答 (A)

解き方ポイント ❹

特定の語句を取る表現がないかを確認する

予想しながら読む

in spite of や either A or B など、複数で一つのセットになっているものがあります。設問中に、そういったセットの一部の語句がないかどうかも確認してください。

例題

Burlington House, a new restaurant on Littleworth Street, is perfect for _____ casual dining and more formal occasions.
(A) either　　(B) both　　(C) neither　　(D) except

ここでは、casual dining と more formal occasions が、and で結ばれていることに気がつけば、(B) が正解だとわかります。

この時に、もっとも重要なのは、選択肢の一つ一つを見ながら、どのように使うのだったか、または、この選択肢が必要であるなら後ろには何が来ているはずなのかを予想するということです。

解答

Burlington House は Littleworth 通りの新しいレストランで、気軽な食事とより正式な機会の両方に理想的である。解答 (B)

Memo

その他の項目や覚えておきたい注意点など

Point 4 動詞の形

解き方ポイント ①

選択肢の形を確実に把握する

述語動詞の形かそれ以外か

一つの動詞の様々な形を問う問題が出た時は、選択肢のそれぞれの形を見極める必要があります。

選択肢の例

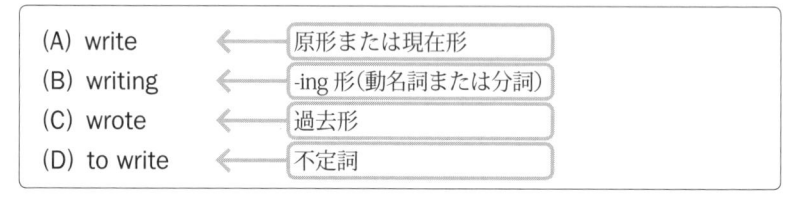

(A) write	← 原形または現在形
(B) writing	← -ing 形(動名詞または分詞)
(C) wrote	← 過去形
(D) to write	← 不定詞

中でも特に重要なのは、述語動詞かどうかということです。述語動詞というのは、S+V の V に相当する形で、簡単に言うと Mr. Smith など主語の後にダイレクトに置くことができる形です。

動詞の形　Point 4

この形は主に次のようなところで使われます。

> Mr. Smith **wrote** a letter.　　　　　　　　　文の動詞として
> I think Mr. Smith **wrote** a letter.　　　　　that 節の動詞として
> the man who **wrote** the letter　　　　　　関係詞節の動詞として
> Mr. Smith ate dinner after he **wrote** a letter.
> 　　　　　　　接続詞でつながれた節（付属の S+V）の動詞として

述語動詞の形ではないものは次の通りです。

to 不定詞（完了形や受動態も含む）
　　　　to write、to have written、to be written…
-ing 形（分詞・動名詞、完了形も含む）
　　　　writing、having written、being written…
過去分詞
　　　　written　ただし、規則動詞では、過去形と過去分詞が同じ -ed 形なので注意が必要。
原形（be 動詞なら be）
　　　　write　ただし、一般動詞では、原形と現在形の形が同じなので注意が必要。また、S+ 動詞の原形をとる構文もある。

この、「述語動詞の形かそれ以外か」がわかっただけでも、選択肢を大きく絞り込めることがあります。まずは、選択肢のそれぞれの動詞の形が、述語動詞かどうかを見極めてください。その後、能動態か受動態か、そして、いつの話か時制を考えましょう。

解き方ポイント ❷

空所の語が述語動詞の形かどうかを判断する

文全体の構造を見る

選択肢の形を確認すると同時に、設問文を読み、空所に入るのが、述語動詞なのかそれ以外の形なのかを見極めてください。細かい意味よりも全体的な構造に注意しましょう。

例題

In an effort to reduce costs, Headington Distributing Ltd., the leading beverage wholesaler in the Pineville region, _____ to streamline its distribution system.

(A) trying　　← -ing 形……述語動詞以外
(B) is tried　　← 受動態……述語動詞
(C) to try　　← to 不定詞……述語動詞以外
(D) is trying　← 現在進行形……述語動詞

例題では、the leading ～ region は挿入されているだけですので、取って考えて、

Headington Distributing Ltd. _____ to streamline……
　　　　主語

動詞の形　Point 4

という構造が把握できれば、(D) が正解だとわかりやすいでしょう。

解答

コストを削減するために、Pineville 地域の大手飲料卸売業者 Heading Distributing 社は、流通システムの効率化に取り組んでいる。　解答 (D)

解き方ポイント ❸

特定の形を取るものがないか確認する

語法や構文に注意

動詞は、特定の文型を取ったり、特定の前置詞を取ったりします。これが、ヒントになることがよくあります。

例題

The recipient of this year's Science Award has yet _____.
(A) to be announced
(B) announced
(C) been announced
(D) announce

例えば、例題では、has yet がありますので、has yet to do「まだ～していない」が使われていると想像がつきます。

設問文を読むときは、特定の構文やイディオムが使われていないかにも注意をはらい、選択肢を読むときは、「この選択肢が入るなら、空所の後にはこの形が来るかもしれない」とある程度予想しながら、読み進めてください。

解答

今年の Science Award の受賞者はまだ発表されていない。
解答 (A)

Memo

その他の項目や覚えておきたい注意点など

Memo

第二部

ウォーミングアップ編

Warm-up 1 長文速聴

No.1　CA　　　　　　　　　　　　　　　　　　CD TRACK 51

Hello, Mr. James. This is Amelia Thompson of Greenville City Library. I'm calling because the book you reserved, "Earth and its environment" has been returned and is now available. We will keep the book for you for 7 days until June 9, so please come and pick it up at your earliest convenience. Please be mindful that the book will be put back on the shelf after that date, although no one else has reserved it after you. For your information, we are open from 10 A.M. to 6 P.M. on weekdays and from 9 A.M. to 5 P.M. on weekends. Thank you.

mindful「心に留めて」

もしもし、Mr. James、こちらは Greenville City Library の Amelia Thompson です。予約されていました本、"Earth and its environment" が返却され、現在ご利用頂ける状態ですので、お電話を差し上げました。この本は6月9日まで7日間、お取り置きしますので、できるだけ早く引取りにお越しください。この本はあなたの後に誰も予約をしていませんが、その日を過ぎますと書架に戻されますのでご注意ください。ご参考までに、当館は平日午前10時から午後6時、週末は午前9時から午後5時まで開館しています。ありがとうございます。

長文速聴 Warm-up 1

No.2 US CD TRACK 52

Advertise in the New Daily Journal and reach over 50,000 readers every day. Reduced rates are available for Position Wanted ads, Real Estate ads, Christmas Greetings, Valentine's Day Messages and other holiday greetings. Place your Help Wanted classified ad on Monday and Wednesday and receive a 40% discount on the Wednesday insertion. Advertise on Friday too and receive a 90% discount on the Friday insertion. Community Event ads can be placed free of charge when received at least one week prior to the day of publishing. Visit our website for information on rates and placement.

reduce「減らす」 classified ad「分類広告」
insertion「広告掲載、書き加えること」 advertise「広告する」

New Daily Journalに広告を載せて、毎日50,000人以上の人々に届けましょう。求職広告、不動産広告、クリスマスの挨拶、バレンタインのメッセージ、その他の祝日の挨拶には、割引価格が適用できます。あなたの求人広告を月曜と水曜の両日に載せてください。そうすれば、水曜掲載分に40％割引を受けられます。また金曜日にも広告を載せれば、金曜掲載分は90％割引を受けられます。地域イベントの広告は、発刊日の少なくとも1週間前までに当社でお受けした場合、無料で掲載できます。料金と広告記載については、当社のウェブサイトにお越しください。

No.3 AU

David Alexander and I will be unable to meet with you later this evening as planned, to discuss the new soundtrack. Unfortunately, our flight to Los Angeles has been cancelled owing to bad weather so unless you can make it to Chicago by 8 o'clock tonight, we won't be able to get together. Could you please call me to reschedule the meeting? I have some free time later next week, maybe Thursday afternoon, so let me know if that's convenient for you. Sorry about the inconvenience.

get together「集まる」 inconvenience「不便」

David Alexanderと私は、今晩この後あなたとお会いして、新しいサウンドトラックについて予定通りに話し合うことができなくなってしまいました。残念ながら、悪天候でLos Angelesへのフライトが欠航となってしまったので、あなたがChicagoに今晩8時までにたどり着けない限り、お会いできないでしょう。ミーティングの日程を変更するため、私までお電話頂けますでしょうか。来週後半、おそらく木曜の午後には、若干時間がありますので、この時間でご都合がよいかどうかお知らせ下さい。ご不便をおかけして申し訳ありません。

No.4　UK

Need a strong carry bag? Buy 12 bottles of Kilmer's Mineral Water and you can receive a durable carry bag completely free. Simply send us 12 labels from any 500ml or 2 liter bottle of Kilmer's Mineral Water, along with a $2 stamp for shipping and handling, and we'll send you one of our great limited-edition carry bags. Available in 5 colors:black, blue, red, green and brown. Made of tough and environmentally friendly hemp fiber. Hurry to take advantage of this offer. Limited stocks available. Offer closes September 17th.

durable「耐久性のある」　shipping「発送」　handling「取り扱い、処理」
hemp fiber「麻繊維」

丈夫なキャリーバッグが必要ですか。Kilmer's ミネラルウォーターを12本買って、丈夫なキャリーバッグをまったくの無料で手に入れましょう。Kilmer's ミネラルウォーターのボトル500mlまたは2リットル入のどれからでもラベル12枚を集めて、発送料及び手数料として2ドル切手と一緒にお送り下さい。当社のすばらしい限定キャリーバッグを1点お送り致します。色は黒、青、赤、緑、茶の5色から。丈夫で環境に優しい麻製です。このご提供のご利用はお早めに。在庫に限りがあります。ご提供は9月17日で終了です。

No.5 CA

CD TRACK 55

Yes, Vital Plus is a revolutionary supplement that will increase your vitality, immune system and general well-being for young and old alike. Always feeling tired or stressed? Then Vital Plus is for you. Scientific studies have shown that regularly taking Vital Plus along with a well-balanced diet will keep you healthy and active. The secret ingredients are specifically designed to prevent sickness like the common cold by helping your immune system fight illness. Our proven formula uses only natural organic ingredients with no added colors or flavors. Please note that Vital Plus is not recommended for children under 5 years of age and should be avoided when consuming alcohol.

revolutionary「革命的な」 supplement「サプリメント」 immune「免疫」 ingredient「原料、成分」 specifically「特に、とりわけ」 formula「処方、方式」 avoid「避ける」

そうです。Vital Plus は、革命的なサプリメントで、あなたの活力、免疫システム、そして全体的な体調を、年齢を問わず改善します。いつも疲れやストレスを感じていますか。それなら、Vital Plus はあなたにぴったりです。バランスの取れた食事とともに、Vital Plus を定期的に服用すると健康で活発でいられることを科学的な研究が示しています。免疫システムが病気と闘うことを助けることによって、一般的な風邪のような病気を防ぐために、秘伝の原料が特別に調合されています。私どもの実績のある調合法は、着色や味付けもせず、自然のオーガニックな原料だけを使用しています。Vital Plus は 5 才未満のお子様にはご利用いただけません。また、飲酒時には避けてください。

長文速聴 Warm-up 1

No.6 US
CD TRACK 56

There's more bad news for Swinford News United, or SNU, as management have decided to let a further 2,500 employees go within the next 12 months. Recent quarterly reports have shown another slump in revenue for this troubled company. Only 2 years ago, the publishing company retrenched 6,000 workers in a downsizing exercise that caused industrial action across the whole printing industry. The upshot of that industrial action was that the Media Publishing Union had to bow to pressure from News United management amid suggestions that even more jobs would go if SNU wasn't able to reduce expenditure by decreasing its workforce. It's less likely that the Media Publishing Union will agree to let another 2,500 employees suffer the layoff and industry analysts are expecting another bitter battle.

quarterly「四半期ごとの」 revenue「歳入」 retrench「削減する」 industrial action「(労働者の) 抗議行動」 upshot「結末」 bow「従う、甘んずる」 expenditure「歳出」 workforce「労働力、全従業員」

Swinford News United 社 (SNU) にとってさらに悪いニュースが持ち上がった。経営陣が 12 ヶ月以内に、さらに 2,500 人の社員を退職させることを決定したのである。最近の四半期ごとの報告によると、この不振にあえぐ企業の収益は新たな落ち込みを見せている。ほんの 2 年前、この出版社は規模縮小の一環として 6,000 人の社員を削減し、全印刷業界中に抗議行動を引き起こした。この抗議行動は結局、SNU が社員削減によって経費を減らすことが出来なければより多くの仕事が失われることになる、と示される中、同経営陣からの圧力にメディア出版業組合が屈せざるを得ないという結末に至った。メディア出版業組合が、さらに 2,500 人の社員に人員解雇を受けさせるのに同意する可能性は低く、業界のアナリストたちはまたひとつ激しい闘いを予期している。

151

No.7　AU　　　CD TRACK 57

After weeks of speculation, the position of Marketing Manager for Burlington Investment Centre has finally been filled. Following James Weston's departure in August, the Executive Board members have been considering a number of options, including merging the positions of Marketing Manager and Marketing Director into one. However, after careful consideration, they have decided upon an internal promotion, elevating Assistant Marketing Manager, Sue Jenkins, to the position. "Sue has been with the company for more than 4 years, assisting James with precision and professionalism. They have been a very successful partnership. She is perfect for the position and we congratulate her on her appointment," said CEO and President, Michael Walker. The vacancy created by Ms. Jenkins' advancement will be advertised externally and should attract an inundation of applications to join this fast-growing firm.

speculation「憶測」　merge「合併する、合わせる」　internal「内部の」　elevate「昇格させる」　precision「正確さ」　appointment「任命」　vacancy「空き」　advancement「昇進」　externally「外部に、で」　inundation「殺到」

何週間もの憶測を経て、ついに Burlington Investment Centre の営業部長職が決定した。8月の James Weston の退社後、取締役会のメンバー達は、営業部長と営業担当取締役の役職を一体化させることを含め、多くの選択肢を検討してきた。しかし慎重な熟慮の末、社内昇進で営業副部長 Sue Jenkins をこの職に昇格させることに決定した。「Sue は当社に4年以上勤務しており、James を的確さとプロフェッショナル精神をもって補佐してきた。彼らは非常に成功した協力関係にあった。彼女はこの役職に最適であり、我々は彼女の任命を祝福する」と、CEO 兼社長の Michael Walker は語った。Ms. Jenkins の昇進によって生じる空席は、外部に募集をかけることになるだろう。そして、この躍進企業に入ろうという応募の殺到を招くはずである。

長文速聴 **Warm-up 1**

No.8 UK   CD TRACK 58

Travelling abroad is a great experience but don't take risks with your life. Look after your health and safety. Many diseases that are unknown in your country are common in foreign countries. Be aware of the kind of food you eat and the water you drink. Contaminated food and water spread various dangerous diseases. In places where such diseases are common, boil water for 10 minutes and avoid ice. Stay away from unpasteurized milk and dairy products, reheated or precooked foods and cold meat. Steer clear of salads, salad cream and seafood. Peel any fruit you eat. Don't forget that you must drink fresh water to avoid dehydration and disease. Wherever you can, drink properly bottled water and eat hygienically prepared foods.

experience「経験」 contaminate「汚染する」
unpasteurized「低温殺菌処理されていない」
precooked「加熱調理済みの」 steer clear「避ける」
peel「〜の皮をむく」 dehydration「脱水症状」
hygienically「衛生的に」

海外旅行はすばらしい体験ですが、自分の命を危険にさらさないでください。あなたの健康と安全に気を配ってください。自分の国では知られていないたくさんの病気が、外国ではありふれたものです。自分の食べるものの種類や飲む水に気をつけてください。汚染された食品や水は、様々な危険な病気を伝染させます。このような病気がよく起こる地域では、水は10分間沸騰させ、氷は避けてください。低温殺菌処理されていない牛乳や乳製品、再加熱された、あるいは調理済みの食品、そして生肉には近づかないこと。サラダやサラダクリーム、シーフードは避けること。どんな果物でも、食べるときは皮をむくこと。脱水症状や病気を避けるため、新鮮な水を飲まなければならないということを忘れずに。どこでも可能な限り、適切にボトル詰めされた水を飲み、衛生的に調理されたものを食べましょう。

Warm-up 2 ミニ模試

Part 1 (Directions はありません)

CD テストスピード TRACK **59**
速読みスピード TRACK **76**

1.

2.

ミニ模試 Warm-up 2

Part 2

(Directions はありません)

CD テストスピード TRACK **60・61**
速読みスピード TRACK **77・78**

11. Mark your answer on your answer sheet.

12. Mark your answer on your answer sheet.

13. Mark your answer on your answer sheet.

14. Mark your answer on your answer sheet.

15. Mark your answer on your answer sheet.

16. Mark your answer on your answer sheet.

17. Mark your answer on your answer sheet.

18. Mark your answer on your answer sheet.

Part 3

(Directions も流れます)　　CD テストスピード TRACK **62〜68**
　　　　　　　　　　　　　速読みスピード TRACK **79〜85**

Part 3

Directions : You will hear some conversations between two people. You will be asked to answer three questions about what the speakers say in each conversation. Select the best response to each question and mark the letter (A), (B), (C), or (D) on your answer sheet. The conversations will not be printed in your test book and will be spoken only one time .

41. What is the main reason for Mr. Bell's phone call?
　(A) To place an order
　(B) To report a damaged product
　(C) To get a refund
　(D) To check his order status

42. How did Mr. Bell place the order?
　(A) By phone
　(B) Through the Internet
　(C) By visiting the store in person
　(D) By mail order

43. What will the woman probably do next?
　(A) Cancel the order
　(B) Send a refund
　(C) Make a phone call
　(D) Deliver the product herself

ミニ模試 Warm-up 2

44. For what purpose is the party going to be held?
　(A) To say good-bye to a colleague
　(B) To encourage a friend
　(C) To discuss a wedding
　(D) To offer a job

45. What will the woman most likely do next?
　(A) Reschedule her cousin's wedding
　(B) Go to Carter's house
　(C) Cheer up a friend
　(D) Make contact with someone

46. What is implied about Carter?
　(A) He lost his job.
　(B) He is getting married.
　(C) He is organizing a party for Jocelyn.
　(D) He wants to encourage someone.

---

47. What is the original purpose of Mr. Wilson's call?
　(A) To talk with Ms. Harris
　(B) To ask the secretary about her boss
　(C) To discuss the design he sent
　(D) To send a draft for the international conference

48. What did Brian Wilson send to Ms. Jackson?
　(A) The agenda for an international conference
　(B) An idea for the official sign for her company
　(C) A draft for her speech
　(D) The itinerary for the trip to Geneva

49. What did Ms. Jackson ask her secretary to do?
　(A) Make a phone call
　(B) Give Mr. Wilson a message
　(C) Send a draft to her
　(D) Wait until she came back

Part 4

(Directions も流れます) テストスピード TRACK **69〜75**
速読みスピード TRACK **86〜92**

Part 4

Directions : You will hear some talks given by a single speaker. You will be asked to answer three questions about what the speaker says in each talk. Select the best response to each question and mark the letter (A), (B), (C), or (D) on your answer sheet. The talks will not be printed in your test book and will be spoken only one time.

71. What is the purpose of this call?
    (A) To ask the customer to come to the store
    (B) To change the date of pickup
    (C) To arrange for packaging materials
    (D) To schedule the delivery

72. What does the caller offer to do?
    (A) To remove an old TV cabinet from the house
    (B) To make a delivery on Thursday
    (C) To put together the TV cabinet
    (D) To wrap the sofa

73. Where most likely does the speaker work?
    (A) A packaging company
    (B) A delivery company
    (C) A furniture shop
    (D) An electrical appliance shop

ミニ模試 Warm-up 2

74. What was Nathan Peterson's first job?
(A) Office clerk
(B) Guide
(C) Trainee
(D) Stockbroker

75. What happened after Peterson received his bachelor's degree?
(A) He worked as a clerk.
(B) He became a trainee.
(C) He managed a night school.
(D) He taught Jacob Russell.

76. What will Nathan Peterson do when he retires?
(A) Teach Jacob Russell
(B) Work on his ranch in Texas
(C) Go fly-fishing
(D) Travel in Virginia

---

77. What is being announced?
(A) Procedures to open the north entrance
(B) Opening of a new office building
(C) Things to do before leaving work
(D) Access to the company cafeteria

78. According to the announcement, why should the north entrance remain unlocked?
(A) Construction materials will be brought in.
(B) Sales staff will be at work.
(C) The maintenance crew will leave early.
(D) Renovation workers need to enter.

79. Which staff will most likely stay in the building after 2 P.M?
(A) Accounting
(B) Maintenance
(C) Customer service
(D) Sales

Part 5

101. The conference was _____ well-organized and proceeded according to schedule.
   (A) sufficiently
   (B) sufficient
   (C) suffice
   (D) sufficiency

102. Applications for the position of Sales Manager may be submitted _____ by e-mail or by fax.
   (A) both
   (B) either
   (C) such
   (D) another

103. _____ in 1353 by a famous architect, the old manor house in Tuxford attracts thousands of tourists every year.
   (A) Constructing
   (B) Construct
   (C) To construct
   (D) Constructed

104. Mr. Anderson, _____ was in charge of the successful sales campaign, will be given a special award.
   (A) which
   (B) with whom
   (C) who
   (D) because

ミニ模試 Warm-up 2

105. Amand Motors' new model is _____ efficient in fuel consumption than the previous model.
(A) far
(B) very
(C) well
(D) more

106. Due to the _____ weather, all flights to and from Forres Airport have been cancelled.
(A) inclement
(B) brilliant
(C) alternative
(D) compulsory

107. Some foreign banks require two pieces of _____ to open an account.
(A) identify
(B) identifiable
(C) identity
(D) identification

108. Mr. Leeds is doing an excellent job _____ someone who started work just last month, but he still needs some more training and experience to become fully-fledged.
(A) by
(B) for
(C) in
(D) at

161

109. The annual shareholders' meeting of Adven Industries _____ in Witney this year.
(A) will be held
(B) holding
(C) will hold
(D) held

110. Employees at Ashwell Manufacturing Ltd. _____ weekly working hours are more than thirty are entitled to paid holidays.
(A) whose
(B) who
(C) which
(D) that

111. Thanks to its successful expansion strategy, Autre Electronics made the _____ profit in its 30 years of business.
(A) great
(B) much
(C) largest
(D) high

112. Ms. Anderson's idea to improve sales sounded very _____, and it was taken up by the management.
(A) practice
(B) practical
(C) practically
(D) practicality

ミニ模試 Warm-up 2

113. Mr. Wright had the new copier replaced with another one _____ it got jammed too often.
(A) so that
(B) as
(C) despite
(D) therefore

114. The management of Sapcote Manufacturing encourages employees of its manufacturing plant _____ suggestions to improve efficiency.
(A) made
(B) makes
(C) to make
(D) has made

115. Most residents in Greenwood Village _____ to the proposed construction of a huge dam near their area.
(A) deny
(B) oppose
(C) disapprove
(D) object

116. CBC International Tours is planning to open a branch in Frankfurt that _____ in package tours to Asian countries.
(A) specialty
(B) specialize
(C) specializes
(D) special

Part 6

Questions 141 - 143 refer to the following letter.

Mr. E. Kent
20 Frith Street
Redmond, WA 98099

Dear Mr. Kent,

_____ with this cover letter is your tax statement for this

141. (A) Enclosing (B) Enclosed
     (C) To enclose (D) Enclose

financial year. The amount owed is payable in 4 installments. The first payment is due on July 25 and _____ at 3-monthly

142. (A) therefore (B) before
     (C) besides (D) thereafter

intervals. The payments can be made in person at any post office or bank, or mailed directly to the tax office of the capital city nearest to you.

If you feel that the calculated amount is not _____ , please

143. (A) accurate (B) accuracy
     (C) accurately (D) inaccurately

contact the tax help line to discuss the matter further.

Victoria Tax Office

ミニ模試 Warm-up 2

Questions 144 - 146 refer to the following article.

Social Analysts is a new quarterly journal that addresses issues of social inequity and human rights as well as the broader issues of the society _____ we live. Submissions are

144. (A) however
(B) who
(C) why
(D) in which

requested for the premiere edition of *Social Analysts*, due for publication this December. If you are interested in _____

145. (A) submission
(B) submit
(C) submitting
(D) to submit

an academic transcript or text review, please fax an abstract by July 31 to the Editor, David Campbell, at (212) 555-5678. Abstracts should be no longer than 400 words. Articles in full, _____ accepted, must be received by October 10 at the

146. (A) until
(B) by
(C) rather
(D) once

latest.

Part 7

Questions 153 - 155 refer to the following itinerary.

TIME TRAVEL PTY. LTD.

To : Mr. Martin Wells
Address : 18 Missendon Road, Vancouver, B.C. V6E 2K3

Thank you for making your booking through Time Travel again. Your itinerary is as follows :

Tuesday   MAY 25
07:00   Depart JFK International Airport, New York   Flight No : GA234
10:00   Arrive San Francisco International Airport
(Please check in at the Global Airlines counter at JFK International Airport at least one and a half hours before departure.)

Limousine transfer to :	Blue Ocean Hotel
	23-28 Castro Street,
	San Francisco, CA. 20045
	(the same hotel as the last time)
Accommodation :	3 nights, Presidential Suite
	(an upgrade from the last time)
	All meals included

Thursday   MAY 27
11:30-14:30   2-hour San Francisco Bay cruise
(NB: 30-minute shuttle bus transfers from the hotel to the wharf and return are included in these times)

Friday   MAY 28
06:00   Courtesy car transfer from hotel to San Francisco International Airport
07:30   Depart San Francisco International Airport - Flight No. GA010
14:30   Arrive JFK International Airport, New York

All times are local standard times.

ミニ模試 Warm-up 2

153. How will Mr. Wells be transferred from the airport to the hotel?
　(A) By shuttle bus
　(B) By taxi
　(C) By limousine
　(D) By courtesy car

154. What can be inferred about the trip?
　(A) Mr. Wells will take a taxi to the wharf from the hotel.
　(B) Mr. Wells needs to check in at the airport at 7 o'clock.
　(C) Mr. Wells stayed in a better room last time.
　(D) Mr. Wells will be staying at Blue Ocean Hotel on May 26.

155. For how long in total will Mr. Wells be on the shuttle bus on May 27?
　(A) For 3 hours
　(B) For 30 minutes
　(C) For 2 hours
　(D) For 1 hour

167

Questions 156 - 159 refer to the following letter.

Mr. G. Hope
Estate Landscaping
98 Whiffle Street
Villesbrook, Montana

November 18

Dear Mr. Hope,

I would like to thank you for your order of 78 forest green Work Wear uniforms. Due to difficulties in communications I would like to double-check the specifications of your order.

We understand you would like 45 large, 20 extra-large and 13 medium size uniforms, all with logos. The logo, which will be supplied by you, is to be sewn onto the left front pocket. All uniform shirts are to feature press-studs, no collars and two front pockets. Pants are to have reinforced knees, elastic cuffs, zip pockets and will receive our special water-proofing treatment. Both shirts and pants are to be made using our heavy duty Work Wear cloth.

After receiving the attached confirmation slip and delivery of the logo, we will start production straight away. The production and delivery of all the items will take 21 days due to the Thanksgiving holiday starting next week.

Sincerely,

Mike Smith
Production Manager
Thame Uniforms

ミニ模試 Warm-up 2

156. When will Thame Uniforms start production for Estate Landscaping?
   (A) When it receives an order for the uniforms.
   (B) As soon as Mr. Hope receives this letter.
   (C) After it has received a confirmation slip and a logo.
   (D) Production can start right away.

157. What is implied about Thame Uniforms?
   (A) It tried to contact Mr. Hope before sending this letter.
   (B) It is open as usual during the Thanksgiving holiday.
   (C) It can design a logo for Mr. Hope's company.
   (D) Production and delivery always takes 21 days.

158. How many medium-sized uniforms will be produced?
   (A) 40
   (B) 20
   (C) 13
   (D) 78

159. What will the shirts feature?
   (A) Zip pockets
   (B) Elastic cuffs
   (C) Collars
   (D) The logo

Questions 181 - 185 refer to the following letters.

David Carter
Greenbridge Convention Center
345 Full Road
Chicago, Illinois

August 27

Dear Mr. Carter,

Headington Commerce Association (HCA) is holding its annual conference in Chicago from November 23 to 25, and I am interested in booking your venue for our conference.

We need to have three conference rooms, one being able to hold more than two hundred people and two other rooms, able to seat one hundred each. Each room will need an overhead projector, video conferencing equipment, and tea and coffee facilities.

There will be approximately four hundred people attending, needing one hundred twin rooms, one hundred fifty single rooms and fifty rooms able to cater for four-person families for the duration of the conference.

I would be grateful if you could reply to me with pricing details and access information including parking.

Sincerely,

Thomas Wilson
Secretary
Headington Commerce Association

Thomas Wilson
Headington Commerce Association
78 Millers Rd.
New York, NY 13876

Dear Mr. Wilson,

On behalf of the Greenbridge Convention Center, I would like to thank you for considering us to host your conference. Here at the Greenbridge Convention Center, we take pride in providing only the best of services to enable a hassle-free convention.

Unfortunately, we have another conference booked for the days you specified, and although conference rooms which you require will be of no problem, we cannot cater to all of your accommodations on-site or offer you the services of our convention staff. We can provide one hundred twin rooms, fifty single and fifty family rooms plus I can arrange for convention staff from a local agency if you wish.

I have made contact with our five-star sister hotel, The Grand Hotel, which is situated thirty minutes by car or forty minutes by bus from the convention center, and they are more than happy to accommodate the extra people at very competitive rates.

If the above is to your satisfaction, I would like our convention manager, James Scott, to meet with you to discuss details of your convention and pricing. Also, please find enclosed the details you requested.

Sincerely,

David Carter
General Manager

181. In the first letter, what information does Thomas Wilson request from the Greenbridge Convention Center?
(A) How to book the hotel rooms
(B) How to reach the center
(C) How to cancel the reservation
(D) How to hold a conference

182. In the first letter, the word "venue" in paragraph 1, line 3, is closest in meaning to
(A) street
(B) location
(C) reservation
(D) vehicle

183. What does David Carter say about the availability of the convention center?
(A) It will not be able to host HCA's conference.
(B) Part of it will be closed for renovation.
(C) Another event will be taking place.
(D) Enough conference rooms will not be available.

184. What is suggested about the accommodation for the attendees of HCA's conference?
(A) The Grand Hotel will accommodate all the attendees.
(B) All the attendees will stay at the Greenbridge Convention Center.
(C) Some of the attendees will have to stay at the Grand Hotel.
(D) No rooms will be available at the convention center.

185. What does David Carter offer to do?
 (A) To provide enough on-site accommodation for all the attendees
 (B) To have his own hotel staff help HCA's conference
 (C) To reschedule the other conference to host HCA's conference
 (D) To recruit some help from a local agency

Part 1 - Answers

🎧 テストスピード TRACK **59**
速読みスピード TRACK **76**

1 　正解（D） CA

Look at the picture marked No.1 in your test book.

(A) The lid of the kettle is open.	湯沸かしのフタが開いている。
(B) The kettle is disconnected from the wall socket.	湯沸かしが壁のコンセントから抜かれている。
(C) Water is being poured into the kettle.	湯沸かしに水が注がれているところである。
(D) The kettle is plugged in.	湯沸かしはコンセントに差し込まれている。

フタが開いていないので (A) は不自然。また、(C) に注意。受動態の現在進行形なので、水が注がれている最中でなければならない。wall socket は「壁のコンセント」。

2 　正解（C） AU

Look at the picture marked No.2 in your test book.

(A) There are some cars parked on both sides of the road.	道の両側に車が停められている。
(B) A man is walking down the street.	男性が道を歩いて下っている。
(C) Someone is riding a bicycle.	人が自転車に乗っている。
(D) Cars are being parked head to head.	車が向かい合わせに停められようとしている最中である。

(A) は both sides「両側」に注意。(D) は進行形であるから、駐車されようとしているという意味になる上、head to head は「頭を付き合わせて」の意味だから、外れる。

174

ミニ模試 Warm-up 2

Part 2 - Answers

CD テストスピード TRACK **60・61**
速読みスピード TRACK **77・78**

11　正解（B）
CA → AU

How come you didn't come to the party last night?
(A) Because I enjoyed it very much.
(B) I had a high fever.
(C) The party was over.

なぜあなたは昨日パーティーに来なかったのですか。
とても楽しかったからです。
高い熱があったのです。
パーティーは終わりました。

> How come は「なぜ」の意味を表す表現。なぜパーティーに来なかったのかを問われているので、(B)が正解。

12　正解（B）
UK → US

Who is the woman standing in front of the post office?
(A) I think it's Ms. Foster's car.
(B) I don't know.
(C) Because she is sending a postcard.

郵便局の前に立っている女性は誰ですか。
Foster さんの車だと思います。
知りません。
ハガキを送るからです。

> 女性が誰かを問われているので、(B)が正解。文頭の who を聞き落とすと、why と間違えて(C)を選んでしまうので要注意。

13　正解（C）
AU → UK

When did we receive this shipment?
(A) I think tomorrow morning.
(B) From the supplier.
(C) Ask Mr. Sanders.

この荷物をいつ受け取ったのですか。
明日の朝だと思います。
納入業者からです。
Sanders さんに聞いてください。

> いつ受け取ったのかを問われているので、(C)が正解。this shipment と述べているので、すでに受け取った荷物がそこにあると考えられる。

14 正解 (C)

US → CA

How much longer do we have to wait for the train?
(A) You have to get off at the next station.
(B) It will be ready for pick-up in 20 minutes.
(C) I'll go and check the timetable.

あとどのくらい電車を待たなければならないのですか。
あなたは次の駅で降りなければなりません。
20分で引き取りの用意ができます。
時刻表をチェックしてきます。

> how much longer は「あとどれくらい」の意味。電車を待つのがあとどれくらいかを問われているので、(C) が正解。(B) は in 20 minutes「あと20分で」に惑わされないように注意。

15 正解 (A)

AU → CA

Do you know who will preside over the next meeting?
(A) Sydney should know.
(B) The next meeting will be held at 3.
(C) I'll attend the meeting, instead.

次の会議は誰が司会進行をつとめるか知っていますか。
Sydney なら知っているでしょう。
次の会議は3時から行なわれます。
代わりに私が出席します。

> preside は「議長を務める」の意味。ただ、それを知らなくても、Do you know who~という構文から、(A) が正解だと気がつきたいところ。Sydney はオーストラリアの都市だけでなく、人名としても一般的である。

16 正解 (C)

US → UK

How long does it take to the convention center?
(A) It's about $30 by taxi.
(B) Let's take a bus instead of the subway.
(C) It depends on the traffic.

コンベンションセンターまでどれくらい時間がかかりますか。
タクシーで約30ドルです。
地下鉄の代わりにバスに乗りましょう。
交通によります。

ミニ模試 Warm-up 2

How long なので時間的にどれくらいかかるかを聞かれている。よって、(C) が正解。(A) は how much との誤解。

17　正解（A）
UK → AU

We're receiving a new copier next week, aren't we?

(A) Actually, we did yesterday.
(B) Can you make some copies for me?
(C) The old copier is on the second floor.

私たちは新しいコピー機を来週受け取るんですよね。

(A) 実は、昨日受け取りました。
(B) コピーしてくれますか。
(C) 古いコピー機は2階にあります。

来週コピー機を受け取るのかと確認しているので、(A) が正解。

18　正解（B）
CA → US

Would you like to eat in the company cafeteria, or shall we go to a restaurant?

(A) Yes, that's a great idea.
(B) Sorry, I brought my lunch today.
(C) Tomorrow would be fine.

社員食堂で食べたいですか、それともレストランに行きましょうか。

(A) はい。いい考えです。
(B) すみません、今日は昼食を持ってきたんです。
(C) 明日ならいいですよ。

or を使っているので、(A) は不可。また、(C) も、どちらかを問われているので不適切。よって、(B) が正解。or を使った文だからといって、必ずしも提示されたもののどちらかを答えなければならないわけではない。

Part 3 - Answers

テストスピード TRACK **62〜68**
速読みスピード TRACK **79〜85**

Questions 41 through 43 refer to the following conversation.

> M Hello. My name is Jordan Bell. I'm calling because I haven't received the items I ordered last week. Would you please check? I placed the order online, and the message on the screen said they would arrive within a few days.
>
> W I'm very sorry, Mr. Bell. I'll look into it right away. Could I have the order number?
>
> M Sorry, I seem to have deleted the confirmation e-mail, but I have my customer account number. It's 2213-3922.
>
> W Thank you. Well, according to our records, they were shipped at 9 last night, and are on route for delivery now. We didn't have the items in stock, and had the manufacturer ship them to you directly. I'm sorry we hadn't informed you. I'll call the delivery driver to find out what time your order is going to be delivered, and give you a call as soon as we know.

TRACK **63・80**　M:US　W:UK

問題 41-43 は次の会話に関するものです。

> 男性　もしもし。私は Jordan Bell と言います。先週注文した商品がまだ届いてないので電話しています。確認していただけますか。オンラインで注文して、スクリーンのメッセージでは数日以内に届くと言われたのです。
>
> 女性　Bell 様、申し訳ございません。今お調べいたしますので、注文番号を教えていただけますか。
>
> 男性　すみません、確認メールを削除してしまったようです。でも、顧客番号はあります。2213-3922 です。
>
> 女性　ありがとうございます。記録によると、昨夜9時に出荷されて、現在配達中です。商品の在庫がなく、メーカーから直接お客様のもとにお届けさせました。ご連絡せず申し訳ございませんでした。今から配達員に電話をし、何時にそちらに配達できるかわかり次第、ご連絡差し上げます。

ミニ模試 Warm-up 2

41　　正解（D）

Mr. Bell の電話の主な理由は何ですか。

(A) 注文するため
(B) 製品が損傷を受けていたことを知らせるため
(C) 返金してもらうため
(D) 注文状況を確認するため

> 冒頭で先週注文した商品を受け取っていないから電話していると述べているので、(D) が正解。

42　　正解（B）

Mr. Bell はどのように注文したのですか。

(A) 電話で
(B) インターネットを通して
(C) 店に実際に訪れることによって
(D) 通信販売で

> 最初のセリフの2行目で、I placed the order online と述べているので、インターネットで注文したことがわかる。よって、(B) が正解。

43　　正解（C）

女性はおそらく次に何をしますか。

(A) 注文を取り消す
(B) 返金を送付する
(C) 電話をかける
(D) 製品を自分で届ける

> 最後に、I'll call the delivery driver と述べているので、電話をかけることがわかる。よって、(C) が正解。

179

Questions 44 through 46 refer to the following conversation.

> **M** Hi, Jocelyn, are you free on Friday night? We're having a party at Carter's house, and I was wondering if you could come.
> **W** Oh! I wish you'd told me a little earlier. I've made plans with my cousin for Friday. She called me just yesterday, saying there was something she wanted to discuss with me about her wedding. She said anytime this week would be OK, so we made it on Friday.
> **M** That's too bad. You know, Carter was laid off from his company, and naturally, he is discouraged. So, we thought we should do something to cheer him up. Would there be any way you could change your plans with your cousin?
> **W** Well, in that case, I'll ask her if we can change it to Saturday or Sunday. I'll let you know as soon as I know.

CD TRACK 65・82 M:AU W:CA

問題 44-46 は次の会話に関するものです。

> 男性 Jocelyn、金曜日の夜は空いてるかい。実は Carter の家でパーティーをするんだけど、君も来られないかなと思って。
> 女性 まあ。もう少し早く言ってくれればよかったのに。今週の金曜日はいとこと約束しているの。彼女が結婚式のことで相談があるって、つい昨日電話がかかってきたのよ。今週のいつでもいいって彼女が言うから、金曜日にしたんだけど。
> 男性 それはとても残念だ。実は Carter が、仕事を辞めさせられて、当然ながら落ち込んでいるから、皆で励まそうってことなんだけど、いとことの約束を変更できないかな。
> 女性 そういうことなら、彼女に土曜日か日曜日に変更できるか聞いてみるわ。わかったらすぐに知らせるわ。

ミニ模試 Warm-up 2

44　　正解 (B)

パーティーは何の目的で開かれるのですか。

(A) 同僚にお別れを言うため
(B) 友人を励ますため
(C) 結婚式について話し合うため
(D) 仕事を提供するため

> 男性の2つ目のセリフで、Carter が解雇され、落胆しているので励ましたいことが述べられている。よって、(B) が正解。

45　　正解 (D)

女性は次にもっとも何をしそうですか。

(A) いとこの結婚式の予定を変更する
(B) Carter の家を訪問する
(C) 友人を勇気づける
(D) 誰かと連絡を取る

> 女性の最後のセリフで、いとこと会う日を変えられるかどうか聞いてみると述べている。よって、(D) が正解。

46　　正解 (A)

Carter について、何がほのめかされていますか。

(A) 彼は仕事を失くした。
(B) 彼は結婚する。
(C) 彼は Jocelyn のためにパーティーを企画している。
(D) 彼は誰かを励ましたい。

> 男性の2つ目のセリフで、Carter が解雇されがっかりしていると言っている。よって、(A) が正解。

Questions 47 through 49 refer to the following conversation.

M Hello. This is Brian Wilson of World Shine Designs. May I speak to Ms. Jackson, please?

W Good afternoon, Mr. Wilson. This is Nancy Harris, her secretary. I'm sorry, Mr. Wilson, but Ms. Jackson left for an international conference in Geneva this morning, and she is not coming back until next Tuesday. I believe you are calling about our new company logo?

M Yes, I sent her a draft by e-mail yesterday, and I was wondering if we could go with it. But if she's not in town, I'll wait until she comes back.

W Actually, she has asked me to relay a message just in case you called her. She said she liked it very much, but there is something she needs to discuss with you, so she wants you to call her on her mobile phone at your earliest convenience.

CD TRACK **67 · 84**　M:AU　W:CA

問題 47-49 は次の会話に関するものです。

男性　もしもし、World Shine Designs の Brian Wilson です。Ms. Jackson をお願いします。

女性　こんにちは、Wilson さん。私は秘書の Nancy Harris です。Wilson さん、申し訳ありませんが、Ms. Jackson は今朝、ジュネーブの国際会議に出発して、来週の火曜日までは戻りません。弊社の新しい会社のロゴについてお電話いただいているのですよね。

男性　はい。昨日、草稿をメールでお送りして、これでいけるかどうかと思っていたのです。でも、もしいらっしゃらないなら、お戻りになるまで待ちます。

女性　実は、もしお電話いただいたときのために、メッセージをお伝えするように言われています。Ms. Jackson はとてもその草稿を気に入ったそうですが、あなたとご相談することがあるとのことで、できるだけ早く携帯電話にお電話頂きたいそうです。

ミニ模試 Warm-up 2

47　正解（C）

Mr. Wilson が電話した当初の目的は何ですか。

(A) Ms. Harris と話をするため
(B) 秘書に上司について尋ねるため
(C) 送付したデザインを話し合うため
(D) 国際会議のために草稿を送るため

> Mr. Wilson が電話したのは、送付したロゴの草案について Ms. Jackson と話し合うため。よって、(C) が正解。(A)(B) は、結果として起こっただけで、それがこの電話の当初の目的ではない。

48　正解（B）

Brian Wilson は Ms. Jackson に何を送りましたか。

(A) 国際会議の議事日程
(B) 会社の公式な標識のアイデア
(C) スピーチの草稿
(D) ジュネーブ出張の旅程表

> Brian Wilson が送ったのは、会社のロゴの草案。よって、(B) が正解。official sign が logo を言い換えている。

49　正解（B）

Ms. Jackson は秘書に何をするように頼みましたか。

(A) 電話をする
(B) Mr. Wilson に伝言を伝える
(C) 原稿を自分に送る
(D) 自分が戻るまで待つ

> 女性の最後のセリフで、she has asked me to relay a message「メッセージを伝えるように私に頼んだ」と述べているので、(B) が正解。

Part 4 - Answers

CD テストスピード TRACK **69〜75**
速読みスピード TRACK **86〜92**

Questions 71 through 73 refer to the following telephone message.

> Hello, Mr. White. This is Thomas Parker from Windmill Furniture. The TV cabinet and the sofa you ordered last week have just arrived, and I was wondering when would be a good time for us to make the delivery to your house. If you wish, we can bring them to your house, assemble the cabinet, and take back the packaging materials for no additional cost. We do deliveries from 9 A.M. to 5 P.M. on weekdays except Thursdays, and from 8 A.M. to 6 P.M. on weekends. Would you please call us back to schedule your delivery at your earliest convenience? Thank you very much.

CD TRACK **70・87**　US

問題 71-73 は次の電話のメッセージに関するものです。

> もしもし、Mr. White、こちらは Windmill Furniture の Thomas Parker です。先週ご注文された TV 用キャビネットとソファが到着いたしました。ご自宅へ配達するのは何時がご都合よろしいでしょうか。もしご希望でしたら、追加料金無しで、両方をご自宅にお運びし、キャビネットを組み立て、梱包材を持ち帰ることもできます。配達は、木曜日以外の平日午前 9 時から午後 5 時、週末は午前 8 時から午後 6 時まで行なっております。配達の手配をするために、できるだけお早く、お電話をいただけますでしょうか。ありがとうございます。

ミニ模試 Warm-up 2

71 正解 (D)

この電話の目的は何ですか。

(A) 顧客に店まで来るように頼むため
(B) 引取の日を変更するため
(C) 梱包材を手配するため
(D) 配達の日を決めるため

> このメッセージでは、注文した商品が到着したこと、そして、何時に配達すればいいかを決めたいと述べている。よって、選択肢の中では(D)が最も適切。

72 正解 (C)

電話主は何をしようと申し出ていますか。

(A) 家から古いTV用キャビネットを取り除く
(B) 木曜日に配達する
(C) TV用キャビネットを組み立てる
(D) ソファを包装する

> 申し出については、if you wish 以下にある。ここで、家まで運び、組み立て、そして、梱包材を持って帰ると述べているので選択肢の中では(C)が正解。

73 正解 (C)

話し手は最もどこで働いている可能性が高いですか。

(A) 梱包会社
(B) 運送会社
(C) 家具店
(D) 電器店

> 注文したのがTVではなくTV用のキャビネットとソファであることから、正解は(C)。冒頭で、話し手がWindmill FurnitureのThomas Parkerと言っていることにも注意。また、注文した商品が届いたと言っているので(B)も不自然。

Questions 74 through 76 refer to the following news report.

> Nathan Peterson, CEO of Blackthorn Brokerage, announced his retirement after more than 50 years' dedication to the stock market.
>
> Peterson, aged 75, started work as a clerical staff member 55 years ago with Blackthorn Brokerage while studying for a Bachelor of Business at night school. After graduation, he was given a traineeship as a stockbroker under the guidance of high-profile stockbroker Jacob Russell. During that time, Peterson learnt the trade, rising from a trainee to a departmental manager in only 5 years. He became the CEO of Blackthorn Brokerage at age 40 and oversaw its development into one of the largest brokerage firms in the world today.
>
> Peterson said that he would spend his retirement with his wife on their Texas style ranch in Virginia, fly-fishing and traveling in Europe and Asia.

TRACK 72・89   CA

問題74-76は次のニュースレポートに関するものです。

> Blackthorn Brokerage社のCEO、Nathan Petersonは50年以上にわたり株式市場へ貢献した後、退職を発表しました。
>
> 75歳のPetersonは、夜間学校で経営学士のために勉強しながら、Blackthorn Brokerage社の事務員として55年前に働き始めました。卒業後、著名な株式仲買人Jacob Russellの指導の下、株式仲買人としての研修生となりました。その間に、Petersonは仕事を学び、たった5年で見習いから部長になりました。彼は、40歳でBlackthorn BrokerageのCEOになり、同社が今日の世界でもっとも大きな証券会社の一つに発展するのを取り仕切りました。
>
> Petersonは、退職後の生活について、自分たちが所有するバージニアにあるテキサス風の牧場で妻と共に過ごし、フライフィッシングや、ヨーロッパ、アジアを旅行するつもりだと述べました。

ミニ模試 Warm-up 2

74 正解（A）

Nathan Peterson の最初の仕事は何ですか。

(A) 事務員
(B) 指導者
(C) 研修生
(D) 株式仲買人

> 第2パラグラフ1行目に、started work as a clerical staff member とある。これは、事務員のことだから、(A) が正解。

75 正解（B）

Peterson が学位を受け取ってから何が起こりましたか。

(A) 事務員として働いた。
(B) 研修生になった。
(C) 夜間学校を運営した。
(D) Jacob Russell を教えた。

> 学位を取った後ということは、卒業した後のことなので、after graduation 以下を聞く。ここで、traineeship を与えられたと述べているので、(B) が正解。

76 正解（C）

Nathan Peterson は退職した後何をしますか。

(A) Jacob Russell を指導する
(B) テキサスの牧場で働く
(C) フライフィッシングに行く
(D) バージニアを旅行する

> 退職後の活動については、一番最後に述べている。選択肢の中で正しいのは (C)。(B) はテキサス風と言っているだけで、牧場自体はバージニアにあるので選べない。

Questions 77 through 79 refer to the following announcement.

> Attention, Pineville Furniture employees. Due to the renovation work on the company building, scheduled for the weekend, we will close at 2 P.M. today. All personnel except the maintenance crew are to vacate the building by that time. Construction materials for the work have already been brought onto the premises, so be careful on your way out. Also, before you leave your office, please make sure your computers and other electrical devices are turned off, and office doors are locked. However, do not lock the north entrance next to the accounting department, as the renovation workers need access inside. Customer service and sales staff are reminded to put the answering machine on with an appropriate message for this occasion. We will be back in business on Monday as usual. Thank you, and have a nice weekend.

TRACK 74・91　UK

問題 77-79 は次のお知らせに関するものです。

> Pineville Furniture の従業員にお知らせいたします。週末に予定されている社屋改装のため、本日は午後 2 時に終業となります。メンテナンス担当者以外の全ての社員はその時刻までに建物から出てください。作業のための建築資材がすでに構内に持ち込まれていますので、出る際には気をつけてください。また、オフィスを出る前に、コンピューターとその他の電子機器の電源は切り、オフィスのドアに鍵をかけてください。しかしながら、改装作業員が中に入る必要がありますので、経理部横の北入口は鍵をかけないでください。カスタマーサービスと営業スタッフはこの件についての適切なメッセージを入れて留守番電話をオンにしてください。当社は平常通り月曜日から業務を再開します。ありがとうございます。良い週末をおすごしください。

ミニ模試 Warm-up 2

77　正解 (C)

何がお知らせされていますか。

(A) 北入口を開ける段取り
(B) 新しいオフィスビルの開館
(C) 退社する前にすべきこと
(D) 社員食堂への行き方

> アナウンスでは、主に、改装のために早く終業するのに合わせて何をしなければならないのかが述べられている。よって、(C) が正解。

78　正解 (D)

お知らせによると、なぜ北入口は鍵を開けたままにしなければならないのですか。

(A) 建築資材が運び込まれるから。
(B) 営業スタッフが勤務中だから。
(C) メンテナンス担当者が早く退社するから。
(D) 改装作業員が入る必要があるから。

> 北入口については、However 以下で、改装作業員が建物内へのアクセスを必要としていると述べている。よって、(D) が正解。

79　正解 (B)

午後2時以降、最もビル内にとどまっていそうなのはどのスタッフですか。

(A) 経理
(B) メンテナンス
(C) カスタマーサービス
(D) セールス

> 3行目の All personnel 以下で、maintenance crew 以外は午後2時にビルを出なければならないと述べている。つまり、maintenance crew は残るということだから、(B) が正解。

Part 5 - Answers

101 正解（A）

The conference was _____ well-organized and proceeded according to schedule.
(A) sufficiently　(B) sufficient
(C) suffice　(D) sufficiency

「会議は十分よくまとまっていて、スケジュール通りに進んだ」

> well-organized「うまく構成された、よくまとまった」を説明してどのようにまとまっていたのかを言うはずなので副詞が必要。よって、(A) が正解。

102 正解（B）

Applications for the position of Sales Manager may be submitted _____ by e-mail or by fax.
(A) both　(B) either　(C) such　(D) another

「営業部長職への申し込みは、E メールか Fax のどちらかで提出できます」

> or に注意。E メールかファックスのどちらかで、という意味になるはずなので、either が正解。

103 正解（D）

_____ in 1353 by a famous architect, the old manor house in Tuxford attracts thousands of tourists every year.
(A) Constructing　(B) Construct
(C) To construct　(D) Constructed

「Tuxford の古いマナーハウスは、1353 年に有名な建築家によって建てられ、毎年何千人もの観光客が訪れている」

> (C) は「建設するために」となり、by 以下と合わない。(A)(D) はともに分詞構文として使うことになるが、この場合、主節の主語との関係が能動態か受動態かで形を決める。ここでは、the old manor house was constructed という関係が成り立つので、受動態を表す (D) が正解。

ミニ模試 Warm-up 2

104　正解（C）

Mr. Anderson, _____ was in charge of the successful sales campaign, will be given a special award.
(A) which　(B) with whom　(C) who　(D) because

「Mr. Anderson は、その成功した販売キャンペーンの責任者で、特別な賞が与えられるだろう」

> 先行詞は Mr. Anderson であり、was の主語の関係があるから (C) が正解。

105　正解（D）

Amand Motors' new model is _____ efficient in fuel consumption than the previous model.
(A) far　(B) very　(C) well　(D) more

「Amand Motors 社の新モデルは、前モデルよりも燃費がより効率的である」

> than に注意。空所には、efficient を比較級にする語が必要なので、(D) が正解。(A) far は比較級を強める働きであって、比較級にするために使われるのではない。

106　正解（A）

Due to the _____ weather, all flights to and from Forres Airport have been cancelled.
(A) inclement　(B) brilliant
(C) alternative　(D) compulsory

「悪天候のために、Forres 空港発着の便は全て欠航となっている」

> (C)「代替の」(D)「義務の」は入らないとわかるが、(B)「すばらしい」は、brilliant weather「素晴らしい天気」という意味では入りうるので注意が必要。ここでは、文脈から「悪い」に相当する語が必要なので、(A) が正解。

107　正解 (D)

Some foreign banks require two pieces of _____ to open an account.
(A) identify　　(B) identifiable
(C) identity　　(D) identification

「海外の銀行の中には、口座を開くのに2つの身分証明書を求めるところがある」

> 空所には名詞が必要なので(A)(B)は外れる。また、ここでは文意から考えて、(C)「身元、個性」ではなく、(D)「身分証明、身分証明書」が入るはず。よって、(D) が正解。

108　正解 (B)

Mr. Leeds is doing an excellent job _____ someone who started work just last month, but he still needs some more training and experience to become fully-fledged.
(A) by　　(B) for　　(C) in　　(D) at

「Mr. Leedsは、先月仕事を始めたばかりの人としては素晴らしい仕事をしているが、それでも一人前になるためにはもう少しトレーニングと経験が必要である」

> (A)～(D)のいずれも前置詞なので、意味をよく考える。先月仕事を始めたばかりの人にしては、という意味になるので、(B)が正解。

109　正解 (A)

The annual shareholders' meeting of Adven Industries _____ in Witney this year.
(A) will be held　　(B) holding
(C) will hold　　(D) held

「Adven Industries社の年次株主総会は、今年はWitneyで開かれる」

> 文の構造から考えて、空所に入る語は述語動詞なので、(B)(D)は入らない。また、主語とholdの関係は受動態なので、(A)が正解。なお、(D)は過去形として考えても、主語がmeetingだから、受動態にする必要がある。

ミニ模試 Warm-up 2

110　正解（A）

Employees at Ashwell Manufacturing Ltd. _____ weekly working hours are more than thirty are entitled to paid holidays.
(A) whose　(B) who　(C) which　(D) that

「Ashwell Manufacturing 社の従業員たちで、一週間の勤務時間が 30 時間を越えるものは有給休暇の資格がある」

> 関係詞節は空所から thirty までだが、文意から考えると、先行詞は employees のはず。また、employees は their として weekly の前に入れられる関係になっているから、正解は (A)whose。

111　正解（C）

Thanks to its successful expansion strategy, Autre Electronics made the _____ profit in its 30 years of business.
(A) great　(B) much　(C) largest　(D) high

「成功した拡大戦略のおかげで、Autre Electronics 社は開業 30 年で最高益を出した」

> 空所の前に the があり、in its 30 years of business「30 年にわたる営業の中で」と言っているので、最上級が必要だとわかる。よって、(C) が正解。

112　正解（B）

Ms. Anderson's idea to improve sales sounded very _____, and it was taken up by the management.
(A) practice　(B) practical
(C) practically　(D) practicality

「売上を改善するための Ms. Anderson のアイデアはとても実際的だったので、経営陣によって採用された」

> 動詞が sounded であることに注意。sound は S+V+C の文型を取り、「～のように聞こえる」という意味になる。この場合、V は be 動詞と同じような働きをするため、sounded を was に置き換えて考えるとよい。よって、形容詞の (B) が正解。

113　正解（B）

Mr. Wright had the new copier replaced with another one _____ it got jammed too often.
(A) so that　(B) as　(C) despite　(D) therefore
「Mr. Wright は新しいコピー機があまりにも頻繁に詰まるので別のものに取り替えてもらった」

> 空所の後は S+V なので、前置詞の (C) は入らない。後は、意味から考える。「コピー機を取り替えてもらった」と「詰まりすぎる」をつなぐのは、(B)「なぜなら」が正解。ちなみに、(D) は副詞なので、厳密には、セミコロンなどなしで直接 2 つの文をつなぐのは良くないとされる。

114　正解（C）

The management of Sapcote Manufacturing encourages employees of its manufacturing plant _____ suggestions to improve efficiency.
(A) made　(B) makes　(C) to make　(D) has made
「Sapcote Manufacturing 社の経営陣は、製造工場の従業員たちに、効率性を改善するための提案を行なうように奨励している」

> 文の述語動詞は encourages なので、空所には述語動詞以外の形が必要。よって、(B)(D) は外れる。また、encourage+O+to do で、「O が〜するのを奨励する」なので、(C) が正解。

115　正解（D）

Most residents in Greenwood Village _____ to the proposed construction of a huge dam near their area.
(A) deny　(B) oppose　(C) disapprove　(D) object
「Greenwood Village のほとんどの住民は、近隣での巨大なダムの建設計画に反対している」

> 選択肢は意味が似ているので、使い方に注意。「反対する」という意味を持ち、後ろに to を取るのは (D)。(B) は oppose+目的語。(C) は disapprove of という形で使う。(A) は「否定する」の意味。

ミニ模試 Warm-up 2

116 正解 (C)

CBC International Tours is planning to open a branch in Frankfurt that _____ in package tours to Asian countries.
(A) specialty　　(B) specialize
(C) specializes　(D) special

「CBC International Tours 社は、アジア諸国へのパッケージツアーを専門とする支店をフランクフルトにオープンする計画である」

> that は関係詞で、空所以下には動詞がない。よって、ここには動詞が必要。ただし、先行詞は a branch のはずだから、三単現の -s がついた (C) が正解。

Part 6 - Answers

問題 141-143 は次の手紙に関するものです。

Mr. E. Kent
20 Frith Street
Redmond, WA 98099

Dear Mr. Kent,

141_____ with this cover letter is your tax statement for this financial year.

The amount owed is payable in 4 installments. The first payment is due on July 25 and **142**_____ at 3-monthly intervals. The payments can be made in person at any post office or bank, or mailed directly to the tax office of the capital city nearest to you.

If you feel that the calculated amount is not **143**_____, please contact the tax help line to discuss the matter further.

Victoria Tax Office

Mr. E. Kent
Frith Street 20 番地
Redmond, WA 98099
Kent 様
本カバーレターとともに、今会計年度納税書を同封しました。未払い金は4回の分割払いが可能です。初回支払い期日は7月25日、それ以降は3ヶ月毎のお支払いとなります。お支払いは、いずれかの郵便局または銀行窓口に出向いていただくか、あるいは最寄りの主要都市の税務署へ直接ご郵送もいただけます。計算金額に誤りがあるとお感じになる場合は、詳しくご相談させていただくため、税務ヘルプラインまでご連絡下さい。

Victoria 税務署

ミニ模試 Warm-up 2

141　正解 (B)

(A) Enclosing　　(B) Enclosed
(C) To enclose　　(D) Enclose

> この文は倒置になっており、your tax statement～が主語。よって、(B) が正解。この使い方は頻出なのでよく覚えておきたい。(A)(C) は、「同封すること」という動作が、tax statement とイコールになってしまうので不自然であるうえ目的語も必要。

142　正解 (D)

(A) therefore　　(B) before
(C) besides　　(D) thereafter

> 空所の後には前置詞 at があることに注意。文の構造から考えて、選択肢の中では副詞が入るはず。また、文脈的に「それ以降」という意味が必要なので、(D) が正解。

143　正解 (A)

(A) accurate　　(B) accuracy
(C) accurately　　(D) inaccurately

> 文脈的に「正確な」の意味の形容詞が入るはずなので、(A) が正解。is not の後にあり、空所の後で if 節が切れているので、副詞の (C)(D) は入らない。名詞は文法上入りうるが、accuracy は「正確さ」という意味なので不自然。

問題 144-146 は次の記事に関するものです。

Social Analysts is a new quarterly journal that addresses issues of social inequity and human rights as well as the broader issues of the society **144** _____ we live. Submissions are requested for the premiere edition of *Social Analysts*, due for publication this December. If you are interested in **145** _____ an academic transcript or text review, please fax an abstract by July 31 to the Editor, David Campbell, at (212) 555-5678. Abstracts should be no longer than 400 words. Articles in full, **146** _____ accepted, must be received by October 10 at the latest.

Social Analystsは、新しい季刊誌で、社会の不平等や人権、そして、私たちが生きる社会のより幅広い諸問題に取り組みます。12月の出版が予定されているSocial Analystsの創刊号のために投稿を募集します。もし、学術的な原稿や文献の論評を投稿することに関心があれば、Faxにて、(212) 555-5678の編集担当David Campbellまで要旨をお送りください。要旨は400語まででお願いします。もし掲載されることになれば、完成版の記事は遅くとも10月10日までに提出する必要があります。

ミニ模試 Warm-up 2

144　正解 (**D**)

(A) however
(B) who
(C) why
(D) in which

関係詞の問題は、先行詞が関係詞節のどこにどのように戻る関係になっているのかを考える。ここでは、先行詞が the society で we live in the society として入る関係になっているので、(D) が正解。

145　正解 (**C**)

(A) submission
(B) submit
(C) submitting
(D) to submit

in の後なので名詞の固まりが来るが、空所の後が an academic transcript であるので、(A) ではなく、(C) が入る。また、(C)(D) は共に「提出すること」の意味だが、前置詞の後は to 不定詞は来ないので、(D) は不可。

146　正解 (**D**)

(A) until
(B) by
(C) rather
(D) once

accepted はここでは過去分詞で、「採用される」と受動態を表す。つまり、「一旦採用されたら、完成した原稿が提出されなければならない」と述べているはずなので、(D) が正解。元は once they are accepted と考えるとわかりやすい。

199

Part 7 - Answers

問題 153-155 は次の旅程表に関するものです。

TIME TRAVEL 株式会社

宛先：Mr. Martin Wells
ご住所：Missendon 通り 18 番地, Vancouver, B.C. V6E 2K3

Time Travel にて再びご予約頂き、誠にありがとうございます。お客様のご旅程は、下記の通りです。

5月25日　火曜日
07:00　ニューヨーク、JFK 国際空港を出発　　　　ご搭乗便：GA234
10:00　サンフランシスコ国際空港に到着
(JFK 国際空港の Global Airlines カウンターへは、出航の少なくとも 1 時間半前までにチェックインをお願い致します。)

リムジンでの移動：　Blue Ocean Hotel
　　　　　　　　　Castro Street 23-28 番地 San Francisco, CA. 20045　　　　　　　（前回と同じホテルです）
ご宿泊：　　　　　プレジデンシャル・スイート　3 泊
　　　　　　　　　　　　　（前回よりグレードアップです）
　　　　　　　　　全お食事込

5月27日　木曜日
11:30 − 14:30　2 時間のサンフランシスコ湾クルーズ
(注：ホテルから埠頭までと、帰りのバス移動時間それぞれ 30 分を含みます)

5月28日　金曜日
06:00　ホテルよりサンフランシスコ国際空港へ、ホテルの送迎車で移動
07:30　サンフランシスコ国際空港を出発　　　　ご搭乗便：GA010
14:30　ニューヨーク、JFK 国際空港に到着

すべて地元標準時間の表記です。

---

itinerary「旅程表」　accommodation「宿泊施設」　wharf「波止場」

ミニ模試 Warm-up 2

153 正解 (C)

Mr. Wells は空港からホテルまでどのように移動しますか。

(A) シャトルバスで
(B) タクシーで
(C) リムジンで
(D) 送迎車で

> 空港からホテルの移動手段を問われているので、火曜日のところを見る。よって、(C) が正解。

154 正解 (D)

旅行について何が推測できますか。

(A) Mr. Wells はホテルから埠頭までタクシーに乗る。
(B) Mr. Wells は 7 時に空港でチェックインする必要がある。
(C) Mr. Wells は前回、もっと良い部屋に泊まった。
(D) Mr. Wells は 5 月 26 日は Blue Ocean Hotel に滞在する。

> 火曜日の Accommodation のところに 3 nights と書いてあるから、25日～ 27 日はこのホテルで泊まると考えられる。よって、(D) が正解。

155 正解 (D)

Mr. Wells は、5 月 27 日に合計でどれくらいシャトルバスに乗りますか。

(A) 3 時間
(B) 30 分
(C) 2 時間
(D) 1 時間

> シャトルバスに乗る時間は片道 30 分で、行き帰り合わせると 1 時間のはず。よって、(D) が正解。これは、11:30 ～ 14:30 の 3 時間の予定で、クルーズが 2 時間であることもヒントになるはず。

問題 156-159 は次の手紙に関するものです。

G. Hope 様
Estate Landscaping 社
Whiffle Street 98 番地
Villesbrook, Montana

11 月 18 日

Hope 様

Work Wear ユニフォームのフォレストグリーン色 78 着のご注文をありがとうございます。ご連絡するのが困難だったため、ご注文の仕様につきまして再度確認させていただきます。

ラージサイズを 45 着、エクストララージサイズを 20 着、そして、ミディアムサイズを 13 着、全てロゴ付きでご要望と承っております。ロゴはお客様にご提供いただき、前部左側のポケットに縫われます。全てのユニフォームの上着は、ホック、襟なし、そして、2 つの前ポケット付きです。ズボンは強化膝、伸縮性の裾、チャック付きのポケット、そして、当社の特別な防水仕上げとなります。シャツとズボンの両方が、当社の極めて丈夫な Work Wear 生地で作製されます。

当社が添付の確認用紙を受領し、ロゴが配達されましたら、直ちに製作を開始いたします。来週から始まる感謝祭の休日のために、全商品の製作と配達は 21 日かかります。

敬具

Mike Smith
製造部長
Thame Uniforms

specifications「仕様」 sewn「sew（縫う）の過去分詞」
reinforce「強化する」 elastic「伸縮する」 press stud「ホック」

ミニ模試 Warm-up 2

156　正解（C）

Thame Uniforms はいつ Estate Landscaping 社のために製作を始めますか。
(A) ユニフォームの注文を受け取ったとき。
(B) Mr. Hope がこの手紙を受け取ったらすぐに。
(C) 確認用紙とロゴを受け取ったあと。
(D) 製作は直ちに始まる。

> 製作時期については、第3パラグラフに記載がある。1行目に確認用紙とロゴを受け取ったらすぐに製作を始めるとあるので、(C) が正解。

157　正解（A）

Thame Uniforms について何がほのめかされていますか。
(A) この手紙を送る前に Mr. Hope に連絡を取ろうとした。
(B) 感謝祭の休暇中は通常営業している。
(C) Mr. Hope の会社のためロゴをデザインできる。
(D) 製作と配達にはいつも 21 日かかる。

> 第1パラグラフに、difficulties in communications と書かれているので、連絡が取れず、そのために手紙で仕様を確認したい旨が書かれている。よって、(A) が正解。

158　正解（C）

ミディアムサイズのユニフォームは何着製作されますか。
(A) 40　　(B) 20　　(C) 13　　(D) 78

> 第2パラグラフに、各サイズの個数が書かれており、ミディアムサイズについては 13 とある。よって、(C) が正解。

159　正解（D）

シャツの特徴は何ですか。
(A) ファスナー付きポケット　　(B) 伸縮性の裾
(C) 襟　　(D) ロゴ

> (A)(B) については、ズボンの特徴である。(C) は、no collar と書いてあるので不可。よって、(D) が正解。知らない単語が並んでいても落ち着いて取り組みたい。

問題 181-185 は次の 2 つの手紙に関するものです。

> David Carter
> Greenbridge Convention Center
> Full Road 345 番地
> Chicago, Illinois
>
>   8 月 27 日
>
> Carter 様
>
> Headington Commerce Association（HCA）は、11 月 23 日から 25 日までシカゴで年次大会を行なう予定であり、その大会のため貴社の会場を予約したいと考えています。
>
> 私どもは、3 つの会議室が必要で、1 つは 200 人以上が収容できるもの、あとの 2 つはそれぞれ 100 人収容できるものです。それぞれの部屋は、オーバーヘッド・プロジェクター、映像会議設備、そして、紅茶と珈琲を出す設備が必要です。
>
> およそ 400 名が出席する予定で、ツインルームを 100 室、シングルルームを 150 室、4 名収容のファミリールームを 50 室、会期中必要としています。
>
> 料金の詳細と、駐車を含めたアクセスの情報とともに、お返事をいただければ感謝いたします。
>
> 敬具
>
> Thomas Wilson
> 幹事
> Headington Commerce Association

cater for「応じる、要求を満たす」

ミニ模試 Warm-up 2

Thomas Wilson
Headington Commerce Association
Millers Rd. 78番地
New York, NY 13876

Wilson様
貴大会開催のために当施設をご考慮いただき、Greenbridge Convention Centerを代表してお礼を申し上げます。ここGreenbridge Convention Centerでは、最高のサービスのみご提供し、スムーズな大会を可能にしていることに誇りを持っております。

残念ながら、明記されていましたお日にちには別の会議が予約されておりまして、ご要望の会議室は問題ないものの、当施設内で全ての宿泊先をご提供すること、また、私どもの大会運営スタッフのサービスをご提供することができません。当センターでは、ツインルーム100室、シングルルーム50室、ならびにファミリールームを50室ご提供できます。また、ご希望でしたら、地元の派遣業者から大会運営スタッフを手配することもできます。

私どもの5つ星の姉妹ホテルGrand Hotelが、当コンベンションセンターから車で30分、バスで40分のところにございまして、連絡をとったところ、非常にお求めやすい料金で、収容しきれない方々に宿泊を喜んでご提供したいとのことでした。

もし上記にご満足いただけるようでしたら、コンベンション担当部長のJames Scottと会合いただき、貴大会の詳細と料金についてご相談させていただきたいと思います。また、ご要望いただいた詳細を同封しましたので、ご確認ください。

敬具

David Carter
総支配人

specify「明記する」 accommodate「泊める、対応する」

181 正解（B）

最初の手紙の中で、Thomas Wilson は Greenbridge Convention Center からどんな情報を求めていますか。
(A) ホテルの部屋の予約方法
(B) センターまでの行き方
(C) 予約のキャンセル方法
(D) 大会の開催方法

> 最後に、access information とある。これは、センターまでの行き方を訪ねているので、(B) が正解。

182 正解（B）

最初の手紙の第 1 パラグラフ 3 行目の venue に最も近い意味は。
(A) 通り
(B) 場所
(C) 予約
(D) 車両

> venue は「会場」の意味なので、選択肢の中で最も近いのは (B)。

183 正解（C）

David Carter はコンベンションセンターの利用可能状況について何と言っていますか。
(A) HCA の大会を行なうことはできない。
(B) 一部が改装のため閉鎖される。
(C) 別の催し物が開かれることになっている。
(D) 利用できる会議室が十分にない。

> 2 通目の手紙、第 2 パラグラフで we have another conference booked と書いてあるので、(C) が正解。(A) は完全に要望には答えられないがそれでもよければ詳細を話し合いたいと書いてあるので不可。(D) は第 2 パラグラフで、会議室は問題ないと述べている。

ミニ模試 Warm-up 2

184　正解 (C)

HCA の大会出席者のための宿泊について、何がほのめかされていますか。
(A) Grand Hotel が全出席者を収容する。
(B) 全ての出席者は、Greenbridge Convention Center に泊まる。
(C) 出席者の何人かは、Grand Hotel に泊まらなければならない。
(D) コンベンションセンターでは、空いている部屋が一つもない。

> 2通の手紙を比べると、シングルルームに不足があるとわかる。また、2通目で、Grand Hotel が、その足りない分の人たちを泊めると書いてあるので、正解は (C)。

185　正解 (D)

David Carter は何をしようと申し出ていますか。
(A) 全出席者に、施設内の宿泊施設を十分に提供する
(B) 自らのホテル従業員に HCA の会議を手伝わせる
(C) HCA の大会を催すためにもう一つの会議の予定を変える
(D) 地元の派遣業者から助っ人を頼む

> 2通目の第2パラグラフの最後で、「要望があれば、大会運営スタッフを地元の派遣業者から手配する」と書かれているので、(D) が正解。

著者紹介

石井辰哉　（いしい・たつや）

1969年生まれ。滋賀県在住。関西学院大学文学部卒業。TOEIC・TOEFL・英検専門校 TIPS English Qualifications を滋賀県に設立。半年間の語学留学で TOEIC 500点強から900点まで伸ばした経験を生かし、驚異的なスピードで受講生のスコアをアップさせている。単なる知識の習得ではなく、「使える」英語の習得が信条で、日本各地から新幹線やマンスリーマンションを利用して通学するなど、熱心な受講生も多い。また、遠距離からでも受講しやすい一日集中レッスンも開講している。取得資格は、TOEIC 990点（満点20回以上）、ケンブリッジ英検特級、実用英検1級、オックスフォード英検上級。著書に
『文法・構文・構造別リスニング完全トレーニング』（アルク）
『新TOEICテスト全パート完全攻略』（アルク）
『TOEIC TEST 文法完全攻略』（明日香出版社）
『TOEIC TEST900点の条件』（ベレ出版）
など多数。

[著者ならびに学校のウェブサイト]
http://www.tip-s.jp/

CD BOOK TOEIC® TEST 最終チェックとウォーミングアップ

2014年7月25日　初版発行

著者	石井辰哉
カバーデザイン	OAK　小野光一

© Tetsuya Ishii 2014, Printed in Japan

発行者	内田真介
発行・発売	ベレ出版 〒162-0832 東京都新宿区岩戸町12 レベッカビル TEL　03-5225-4790 FAX　03-5225-4795 ホームページ　http://www.beret.co.jp/ 振替 00180-7-104058
印刷	三松堂株式会社
製本	根本製本株式会社

落丁本・乱丁本は小社編集部あてにお送りください。送料小社負担にてお取り替えします。

本書の無断複写は著作権法上での例外を除き禁じられています。購入者以外の第三者による本書のいかなる電子複製も一切認められておりません。

ISBN978-4-86064-402-4 C2082　　　　編集担当　綿引ゆか